天使靈氣
靈魂最完美的療癒

光之鑰伊莉莎白 著

獻　　語

在無限的愛中我將此書獻給：
我摯愛的光之天使王國！
凱文與克麗絲汀・柯瑞！
我的指導靈
大天使麥可、大天使拉斐爾、大天使麥達昶！
以及
全球所有的靈魂家人！

～光之鑰伊莉莎白～

| 推薦序1 |

期待你們美麗的回歸

大天使麥達昶

各位親愛的家人,我是大天使麥達昶。

天使靈氣是由如天上繁星般的眾多天使所聚集而成的天使之光,天使代表無條件的愛與服務的熱情,因此,天使靈氣被導入到地球的兩個重要意義,就是為這個星球的全體生命注入無條件的愛,並且讓天使們展現服務的熱情。

在這本書中,淋漓盡致的表達天使無私的愛,以及天使靈氣執行師渴望為他人帶來愛的服務熱情,這點深深地讓麥達昶為之動容。這個世界的確需要更多有如人間天使的天使靈氣執行師貢獻他們的愛與服務熱情。我期待這本書的誕生能夠帶動更多成千上萬的人願意與天使合作、成為天使王國的能量管道,讓更多天使的完美療癒力降臨人間,把地球創造成為人間天堂。

大天使麥達昶在此獻上天使王國對光之鑰伊莉莎白的感謝,感謝你花費無數個時日,將這本書顯化為物質世界的天使橋樑,為有心想與天使合作、接引天使能量療癒他人的人帶來希望、途徑與機會。隨著這本書被更多人知曉,我已經看見這本書激發了無以計數的人內在的神性意識與天使基因,喚醒更

多的天使靈魂、加入天使的隊伍，找到回歸天使王國的道路。

你們每一位來到地球的靈魂，都是生命的勇士與戰士，你們深刻雋永的目標是在這裡自我提升淬鍊，讓自身的光芒更加的璀璨耀眼，成為宇宙中令人無法忽視的力量存在。

天使靈氣誕生的目的，就是在你們即將耗盡精力、疲憊不堪或者被險惡的環境綑綁失去自由之時，給予你們力量、信心、智慧與勇氣，幫助你們成為永不倒下的巨人，順利完成在地球的壯舉，實踐你們的生命藍圖計劃。

有越多人知道天使的存在、相信並跟隨天使的引導，就能讓天使成為你們的氣力補充來源，在你們即將跌倒之時扶你們一把，在你們彈盡援絕之時給予支援，成就你們是生命鬥士的實質。因此請多多召喚天使，頻繁運作天使靈氣，讓天使成為你們最堅實可靠的夥伴與後援部隊，我們一直都在等著你們。如同伊莉莎白所說，天使靈氣絕對是你們神性靈魂不可或缺的養分、食物與能量來源，當你們勤於運作天使靈氣就必定會驗證這個說法。

看見有越來越多人經由天使靈氣的能量灌注而恢復天使之身，實踐無條件之愛的精神，讓大天使麥達昶對你們肅然起敬、深感讚嘆！人類世界與地球的未來必定是一片大好遠景、輝煌燦爛！我對你們充滿希望的期許，我等待你們美麗的回歸，我是大天使麥達昶，歡迎進入天使靈氣的奧祕、美麗與感動中，天使一直與你們同在！

| 推薦序2 |

遇見天使是最幸福的事

光啟之羽學院創辦人 / 季小謙

　　我在接觸天使靈氣這項療癒技法之前，就深信這世界上有天使的存在，卻不知原來人類可以運作天使供給的高頻能量來療癒自己。而這整個過程居然一點都不複雜，只需要完全放鬆身體並信任天使王國使其自然運作，這對於8年前主業忙碌沒什麼時間運作靈氣的我，簡直是一本萬利的買賣，自2018年習得天使靈氣至今，我仍每日堅持給自己一點時間運作靈氣，我想這就足以證明它對於我的人生有多大的助益了。

　　天使對於我來說就是合作夥伴的存在，祂們不止協助我在生活中獲得滿滿的靈感，也讓我在身心靈需要平衡時給予我滋養。我本身從事塔羅占卜諮詢的工作已經有近10年的時間，在我職業的第二年開始覺得自己的身體總是會莫名地感受到疲憊不堪，甚至到最後我看見牌都會想要閃躲，當時的我已經有每日打坐的習慣，可任憑我怎麼靜心，那股匱乏感依然存在。就在某一次靜心冥想時，身體忽然感受到一股暖流，我立刻意識到是天使的臨在，當時我感受到眼前一片白光，在白光之內似乎有雙翅膀綻放，與此同時我也潸然淚下，當下那股巨大的愛

之能量，我到現在依然還記憶猶新。

　　隔天我就在網路搜尋是否有人與我有相同體驗時，我看見了伊莉莎白老師帶領的「天使靈氣課程」，我沒有半分猶豫就加入了工作坊，我想這是我這輩子做出最正確的決定之一。

　　伊莉莎白老師帶領我認識了天使王國，帶著我在七次元的意識當中遨遊，我深深的喜歡上這個靈性世界並渴望探索更多，我頻繁的運作天使靈氣給自己，逐漸明白當我在替個案進行占卜諮詢時，其實自己身體的乙太層面會與個案產生能量連結，這就是我越做占卜工作越累的主因。當時帥氣英挺的大天使麥可引導我切斷這些與個案們互動所殘存的能量連結，神奇的是經過一段時間的自我療癒後，疲倦感也慢慢消失了。

　　或許部分的人聽到「天使靈氣」都會滿頭問號，甚至認為它虛無飄渺，經過我多年來的接觸與應用，它反而不是讓我飄在天上，而是更加的接在地上，從全職經營自媒體與身心靈工作至今，每一個事業上的決策都是伴隨著機會成本與風險，而天使們總是可以帶領我做出最符合自己當下神聖意志的選擇，而我也在每次的挑戰中淬煉出更強韌的心靈肌肉，將光之存有們帶給我的智慧落實成為生活美學，我想這就是學習靈性最珍貴的地方了吧！

| 推薦序3 |

在揚升的道路上不孤單

天使的火花之地／采采療癒師

如果僅能用一個關鍵字來形容「天使」究竟是什麼樣的存在？「靈魂的良師益友」，是我在教學天使靈氣時，會跟學員們所提及的感悟！

幾乎每兩到三天，我都會收到來自不同學員或個案，對於運作天使靈氣療癒，對身心帶來的覺察和正向的影響見證……在我一邊閱讀這些真實的生命故事而為大家歡欣鼓舞之時，也時常讚嘆這個世界有天使的照料，是一件多麼幸福而驚奇的事情！

回想多年前，在人生經歷低潮時，因為希望安定心神而開始靜心冥想，在一次深層的冥想之中與自己的守護天使拉斐爾相遇，在天使們的引領之下接觸到天使靈氣，而將當時破損的自己，一點一滴慢慢拼湊直至完整完好。

正如天使靈氣進階課本所述的開場白，凱文和克莉絲汀老師：「揚升的道路從來都不是一條容易的道路，但是它會充滿生機！」因為自己親身經歷過從低潮向上攀爬的過程，每當引領學生唸到這句話，總是分外有感而發，揚升的路途實在太像攀

爬著一座名為「生命」的山頭，路途從來沒有變，但是心情與視角卻會大大影響了旅途的感受。

　每個人都在爬著自己揚升的山頭，這條路實屬不易，但有天使們的陪伴之下，總是可以溫柔的將抱怨與負向的心情，巧善的化作適度的喘息和提點，讓這些不容易的結點變成訓練生命韌性的養分。

　我時常鼓勵學員，天使靈氣不用刻意去推廣，而是要「活出」天使靈氣，因為只有先學會對自己無條件之愛的照料，才有可能讓內在的神性之光滿溢湧現。當一個人活出自己的光性時，人們自然尋光而至，療癒的渲染力也就自然蓬勃的發展，進而見證了天使靈氣對生命的無限可能！

　祝福每一位閱讀到本書的讀者，能夠透過伊莉莎白老師對天使靈氣多年見證精粹而成的光之文字，感受到天使們無所不在的溫暖。

| 推薦序4 |

高度靈性又落地的天使靈氣

通靈少婦的白話文 EGG

　　故事要從2022年我剛開始通靈說起，當時我初入通靈領域，沒有SOP，從連結過世的家人到連神明，除了搞不清楚真的連到了誰，還備受靈擾困擾，苦無方法只能盲目摸索，當時我只知道低頻能量上不了高頻能量，決定提升自己的氣場頻率與能力，於是就學習天使靈氣，一學就一路來到教師階，受用無窮。

　　在天使靈氣的學習裡，奉獻空間、防止干擾宣稱與淨化乙太體，為我帶來空間與個人的淨化與保護。與天使和揚升大師的連結，穩定了我的氣場，提升了我的靈性視野。靈氣施作，處理了小孩需要收驚與睡不著問題，還解決了大量的個人困難。當自身的頻率提升時，很多難題都消失了。

　　我透過天使靈氣，連結不同揚升大師的能量，除了熟悉不同的高頻能量，也在之中得到問題的建議。有次，和前夫爭執，我氣悶難耐，睡也睡不著，便為自己施做起天使靈氣，同時召請揚升大師耶穌基督的陪伴，突然，我感受到天使的包圍，經驗到耶穌基督無條件的愛的品質，靈氣結束後，那些情

緒的起伏已得到消融，我能以平靜穩定的狀態，繼續與先生的溝通。

那是我第一次知道，原來無條件的愛，可帶來那麼大的支持！

畢竟日常中要接收無條件的愛是如此困難。那陣子我還開玩笑，「哇！不是基督徒的我，都要信耶穌了！」因為透過靈氣收到無條件的愛，強力沖刷，內心是無比的慰撫與震撼。在天使面前，我們不用努力，就值得被愛。為自己做靈氣久了，也慢慢見識到，我也可以是愛，本是如此。

曾經，和前夫在婚姻關係裡，他沒有做什麼，我一看到他竟無名火，也不好意思和他說出我的無名怒氣，這多年影響了我們的相處。學靈氣前，我曾無意間看到在過去世裡他傷害我的畫面，但知道歸知道，還是無法處理日常對他的無名怒氣，也會因有這怒氣而感到愧疚。

在一次天使靈氣的上課練習，同學為我療癒「害怕」這主題。被療癒時我看見，天使來了，藥師佛也來了，祂為我修復過去被傷害的肉身，療癒我身體的斷裂與心裡的恨，連文殊師利菩薩也來，在一張小方桌上，為我點起智慧燈，我知道，祂在解開我困住自己的我執，不知道療癒是怎麼發生的，但那次之後，面對我前夫的心結、悶恨、無名火，竟就消失，生活可更穩定的溝通。

在我給出療癒的個案工作裡，一定會有天使靈氣，靈氣提

供了一個七次元的神聖空間，讓眾多神聖協助者都可為個案工作，天使一定來，神明也經常來，甚至指導靈、龍、獨角獸也會來，需要什麼，誰就來，讓各種可能，因此發生。

| 自序 |

天使靈氣帶我回家

天使，臨在也不臨在，無條件的愛，無處不在。
天使靈氣，彷彿不存在，轉化蛻變，隨時都在。
靈魂深愛天使靈氣，因為天使靈氣，
讓靈魂更能感覺到自己的存在、自己的無所不在。

～光之鑰伊莉莎白

2010年我跟隨高先念老師學習天使靈氣；2014年我前往英國完成天使靈氣教師的訓練；2015年我開始在台灣教導天使靈氣……時間過得真快！帶領天使靈氣工作坊已經10年了，沒想到「十年磨一劍」這件事竟然真實的發生在我的身上！

這本書是彙整這十多年來我學習和教導天使靈氣的領悟與心得。或者說，是我寫給光之天使王國的論文報告，藉此感謝這十餘年來天使靈氣給予我的療癒與教導。大天使拉斐爾卻說，此書更重要的意義是讓學生們看見伊莉莎白這些年是如何持續不斷精進的參透天使靈氣的精髓與奧妙，以對我的教學品質表示負責。拉斐爾的回應讓我好感動！這就是天使，祂們總是提醒我們要看見自己美好的價值。

發光的天使們是我的家人、我的老師以及我的貴人。這些

年若沒有祂們的陪伴，如今的我不知道會在哪裡？還能夠過著如今這般舒心自在、心想事成的生活嗎？此刻寫這本書的心情就是想讓更多人知道天使的美好，想讓更多人有機會認識天使靈氣的神奇美妙！

　　對我而言，天使靈氣不僅僅只是一種靈性療法，更像是帶領我回歸光之源頭的路徑與法門。我在天使靈氣的能量中接受天使光與愛的轉化，吸收天使們自由不設限的智慧，從而卸下我對地球生活的恐懼與防備，從人性負面的枷鎖與牢籠中解脫，逐漸回復清淨自在的光之身，如此自由放鬆的智慧領悟，是我先前在宗教學習中渴望卻不可得的寶藏。

　　最初我以為天使靈氣只是一種療癒方法，然而當我深入探討天使的療癒之道卻發現，天使根本不是在對我們進行療癒，而是針對「靈魂力量」的喚醒與強化，為靈魂加油打氣、補充體力。因為所有發生在現實生活中的疾病、不順遂與無法克服的難題，追根究底的原因都是來自於我們與靈魂的斷聯以及靈魂本體的缺乏力量。

★ 找回靈魂的力量就能終止療癒

　　在靈性圈，有許多人終其一生在尋找各式各樣的靈性方法療癒自己或朋友家人。為了因應大眾的需求，誕生了各式各樣、五花八門的療癒體系。療癒的項目，從內在小孩到家族業力，從金錢到情感關係，從消除小人到邪惡外靈，一應俱全，應有盡有。然而我們卻發現，全世界數不清的療癒系統仍無法

滿足我們的需要，仍然有很多人不停地療癒、再療癒，似乎永無止境的療癒！

★ 需要不停療癒的根本原因

發生在人類世界的所有不順遂狀況，是生命藍圖創造出來的劇情設計，是我們要接受的考驗與挑戰，是我們要憑藉勇氣與智慧去闖關的關卡，這些關卡、考驗和挑戰是無法被取消、被取走的，我們稱之為生命課題。

人們大都希望從靈性的學習中找到方法去跳脫、閃躲這些生命課題，然而這是不可能的事情，因為這些困難和挑戰就是自己的靈魂與高我選擇用來磨亮自己的光、讓靈魂本身獲得更多光的方法。

★ 接納現狀療癒就會發生

有用的靈性療癒，是人們一時的避風港，讓我們有喘息的機會，幫自己充電，儲備精力去面對現實。因為想要改變現狀，讓自己從劣勢轉換成優勢，最直接有效的方法就是接納現況，然後鼓起勇氣去面對，撐過、走過……我們經常說臣服臣服，到底要臣服什麼？就是臣服於現在自己的處境都是生命藍圖的設定，是靈魂想要接受的考驗與挑戰。臣服之後，找到一種能夠幫自己充電的靈性方法，協助自己勇敢面對，盡力而為去走過，這就是最有效的療癒！而且面對生命功課的考驗與挑戰，需要有足夠的勇氣、智慧和力量，這些勇氣、智慧和力量

來自於我們的神性靈魂,所以我們需要持續不斷為自己的靈魂補充能量。

★ 天使靈氣是靈魂的力量來源

所有靈魂被創造的初始都是以愛為基底元素,靈魂的本質就是無條件的愛。天使靈氣是天使本身無條件之愛的能量,是靈魂的食物,靈魂的力量來源。當我們接收天使靈氣的灌溉與滋養就是為靈魂補充神性力量,一段時日之後必定會有明顯的成長與轉變。若是學習天使靈氣之後,沒有明顯的改變,有可能是你需要更多時間堆積能量,不然就是你並沒有持之以恆運作天使靈氣。就好像煮開水,總是煮煮停停,無法讓能量達到沸點,水未能煮開。

有用的靈性方法可以達到三個目的:

1. 給予我們安全感與勇氣,陪我們挺過走過。
2. 給予我們智慧,讓我們洞悉生命功課帶來的是什麼禮物?當我們認出這個禮物並接納理解,生命功課因此得以完成圓滿。
3. 給予我們「改變自己」的力量,當我們改變了自己,就會改變自己當下的命運,反轉人生。

天使靈氣是天使的力量、智慧與魔法,可以同時滿足這三個目的,而且是在一種很輕柔又放鬆的狀態下進行,在不知不

覺、潛移默化、安全平靜的狀況下,看見自己點點滴滴的轉變。

★ 事實上沒有人需要被療癒

疾病、匱乏、窮困、現實生活中的不順遂……都是因為「靈魂沒有力量」反映在現實生活中的徵兆。當靈魂得到了能量補給,恢復了力量,就有能力轉化困境、圓滿平衡,就不需要焦慮的四處尋找療癒的方法,這才是根本解決之道。「當你是巨人,像山一樣大的困難,也會被你一腳踩在腳下;若你是侏儒,再小的石頭也會刺痛你的腳,阻擋你的前進。」無論是大山或小石頭,都是我們生命中會遭遇的經驗,我們沒有辦法取消它們,我們能做的是讓自己更有力量,這樣就可以披荊斬棘、過關斬將!

目錄

獻語

推薦序1　期待你們美麗的回歸／大天使麥達昶 ‥‥‥‥ 005

推薦序2　遇見天使是最幸福的事／季小謙 ‥‥‥‥‥ 007

推薦序3　在揚升的道路上不孤單／采采 ‥‥‥‥‥‥ 009

推薦序4　高度靈性又落地的天使靈氣／通靈少婦EGG ‥‥ 011

自序　　天使靈氣帶我回家 ‥‥‥‥‥‥‥‥‥‥‥ 015

Chapter 1
認識英國天使靈氣

英國天使靈氣的創始管道 ‥‥‥‥‥‥‥‥‥‥‥‥ 026

大天使麥達昶談天使靈氣：天使王國的高科技 ‥‥‥‥ 027

天使靈氣的來源：光之天使王國 ‥‥‥‥‥‥‥‥‥ 031

天使靈氣的內涵：無條件的愛 ‥‥‥‥‥‥‥‥‥‥ 040

天使靈氣：靈魂的食物與養分 ‥‥‥‥‥‥‥‥‥‥ 043

天使靈氣：神性之手的療癒 ‥‥‥‥‥‥‥‥‥‥‥ 048

天使靈氣的療癒師：最完美天使 ‥‥‥‥‥‥‥‥‥ 055

天使靈氣的療癒精神：無為就是最完美的療癒 ‥‥‥‥ 057

天使靈氣的清理與點化：成為天使王國的完美管道 ‥‥ 061

天使靈氣：回歸源頭的階梯 ‥‥‥‥‥‥‥‥‥‥‥ 067

天使王國的降臨：奉獻空間祈請文 · · · · · · · · · · · · · · · 068

Chapter 2

天使靈氣1&2階：修補靈魂碎片、恢復靈魂的神性力量

靈魂的本質：無條件的愛之光 · · · · · · · · · · · · · · · · · 076
靈魂原形：不斷移動的螺旋光體 · · · · · · · · · · · · · · · 079
靈魂碎片：靈魂流失的神性力量 · · · · · · · · · · · · · · · 081
恢復靈魂力量：修補靈魂碎片 · · · · · · · · · · · · · · · · 085
天使靈氣釋放因果業力：停止輪迴 · · · · · · · · · · · · · · 087
天使靈氣：量身訂作的療癒 · · · · · · · · · · · · · · · · · · 091
邀請指導靈加入療癒 · 101

Chapter 3

天使靈氣3&4階：與靈魂家人合一、回歸神性單子

成為天使靈氣大師：放下恐懼與受害者意識 · · · · · · · · · 110
神的單子體：靈魂的源頭 · · · · · · · · · · · · · · · · · · 116
神性臨在的療癒：與靈魂家人合一 · · · · · · · · · · · · · · 119
神性單子的12個面向：靈魂家人 · · · · · · · · · · · · · · · 120
靈魂伴侶與雙生火焰 · 124
宇宙天使光線的療癒：回歸源頭的光之階梯 · · · · · · · · · 128

感受體冥想：提升對能量與空間的感知力 ················ 130

Chapter 4

天使靈氣專業執行師階：成為創造的宇宙

疾病的靈性真相 ·· 135
意識球體的療癒：回復完美的神性光球 ····················· 138
天使靈氣修補乙太體：療癒敏感體質 ·························· 142
天使靈氣的個案療癒：療癒的是因不是果 ·················· 149
天使靈氣的臨終照顧：協助臨終之人好走 ·················· 156
天使靈氣清理靈性幻相 ··· 158
天使靈氣支援地球的光化與揚升 ································ 161
天使靈氣無所不療 ··· 166

Chapter 5

天使靈氣教師階：回到神聖源頭的懷抱

來自光之天使王國的訊息 ·· 170
卡巴拉生命之樹 ··· 172
卡巴拉生命之樹10位大天使的點化 ····························· 174
天使靈氣的精髓：與天使合一 ····································· 183
上主默基瑟德對天使靈氣教師的啟示：揚升的時機 ······ 185

Chapter 6
天使靈氣在日常生活的應用

為飲食和生活物品注入天使靈氣⋯⋯⋯⋯⋯⋯⋯⋯ 188
天使靈氣幫助睡眠：睡著睡著就療癒了⋯⋯⋯⋯⋯ 189
天使靈氣調頻腦波⋯⋯⋯⋯⋯⋯⋯⋯⋯⋯⋯⋯⋯ 190
天使靈氣修補氣場⋯⋯⋯⋯⋯⋯⋯⋯⋯⋯⋯⋯⋯ 191
天使靈氣照顧懷孕的婦女⋯⋯⋯⋯⋯⋯⋯⋯⋯⋯ 194
天使靈氣對疫情的貢獻：隔絕負能量的防護罩⋯⋯ 197
天使靈氣為祖先、往生者補光⋯⋯⋯⋯⋯⋯⋯⋯ 203

Chapte 7
遇見天使靈氣：學生心得分享

天使靈氣幫助我找回力量⋯⋯⋯⋯⋯⋯⋯⋯⋯⋯ 206
天使靈氣找回天賦潛能⋯⋯⋯⋯⋯⋯⋯⋯⋯⋯⋯ 207
天使靈氣快速平復紊亂的情緒⋯⋯⋯⋯⋯⋯⋯⋯ 209
天使靈氣療癒漸凍人的母親⋯⋯⋯⋯⋯⋯⋯⋯⋯ 211
天使是真實存在的⋯⋯⋯⋯⋯⋯⋯⋯⋯⋯⋯⋯⋯ 213
天使靈氣療癒我失去親人的傷痛⋯⋯⋯⋯⋯⋯⋯ 215
天使靈氣是險峻環境的支撐力量⋯⋯⋯⋯⋯⋯⋯ 217
天使靈氣提升我的靈性直覺⋯⋯⋯⋯⋯⋯⋯⋯⋯ 218
天使靈氣三件神奇的事⋯⋯⋯⋯⋯⋯⋯⋯⋯⋯⋯ 220

天使靈氣是我的幸運································223
天使靈氣的豐盛顯化································224
天使靈氣找回我的內在神性··························225
天使靈氣療癒氣喘··································227
天使靈氣療癒我與伴侶的關係························228
原來我不是麻瓜····································231

Chapter 8

天使靈氣問與答

誰適合學習天使靈氣？······························234
天使靈氣是否可以遠距點化或線上教學？··············234
學習天使靈氣卻沒有感覺怎麼辦？····················234
我是麻瓜可以學習天使靈氣嗎？······················235
傳送天使靈氣需要經過對方的同意嗎？················236
天使靈氣如何看待靈擾的問題？······················237
為別人傳送天使靈氣是否會承擔對方的因果業力？······241
為別人傳送天使靈氣是否會接收對方的負面能量或病氣？242
學習天使靈氣是否會違背自己的宗教信仰？············243
可以為動物使用天使靈氣嗎？························244

關於作者 光之鑰伊莉莎白的故事······················246
結語··252

| Chapter 1 |

認識英國天使靈氣

*It is with Love that we welcome you to
Archangel Metatron's Healing system,
Angelic Reiki*

懷著愛歡迎你來到
大天使麥達昶的療癒體系,天使靈氣。

英國天使靈氣的
創始管道

　　天使靈氣（Angelic Reiki）這套天使級療癒體系，是由大天使麥達昶（Archangel Metatron）從2002年10月至2003年2月期間傳遞給英國的凱文・柯瑞（Kevin Core）。之後凱文與他的妻子克莉絲汀・柯瑞（Christine Core）共同創建了英國天使靈氣的療癒系統，在全世界推廣天使靈氣。2009年6月2日凱文光榮的結束這次轉世，回到了大天使約菲爾（Archangel Jophiel）的本質中。從那兒，他仍然會親切的觸及每位參加天使靈氣工作坊的學員，並邀請你隨時呼喚他。

　　克莉絲汀女士仍繼續致力於天使靈氣在全球的貢獻與發展，目前天使靈氣教師與執行師已經遍布全球30多個國家，學生教材被翻譯超過10種語言。更多凱文和克莉絲汀的故事以及天使靈氣相關資訊可以到英國天使靈氣的官網查詢：https://angelicreikiinternational.com 或參閱克莉絲汀・柯瑞女士的著作《Angelic Reiki The Healing for Our Time, Archangel Metatron》。

大天使麥達昶談天使靈氣：
天使王國的高科技

　　我摯愛的靈魂與生命，我是大天使麥達昶。天使靈氣代表無條件的愛，任何準備好願意奉獻無條件之愛的人，都能與天使靈氣的頻率共振，與之水乳交融。

　　天使靈氣是無價的、神聖的。天使靈氣有如天上浩瀚繁星的絢麗光彩，超越凌駕於人類的意識形態，獨立、聖潔、光明以及不求回報的愛。如果天上的每一顆發光的星辰都代表著一位純潔的天使，那麼天使靈氣就是我聚集造物主所創造的每一位天使所形成的巨大天使能源，我把所有的天使之愛團結匯聚使之成為天使靈氣。任何人接收天使靈氣就等同於接受所有天使的祝福、愛、光明與智慧。因而接受天使靈氣的人，他的思想意識與言行舉止將更接近天使，並終將成為天使。

　　造物主創造天使的立意是希望為人類豎立一個具體的典範，做為人類有所遵循與依歸的目標、最終企及的領悟與境界。祂差遣天使陪伴著人類，就是希望時時刻刻提醒人們，你們的本質就是天使，你們與生俱來就是天使的化身。只是在這三度空間裡，你們的意象被暫時封鎖，你們來到人間的最大挑戰就是在迷失了自我的旅途中找回自己、喚回記憶、衝破封鎖，看見自己內在的天使光輝，發現自己原來就是天使，因此

天使來到人間最深刻雋永的寓意，就是來提醒你們，你們就是天使。

從靈性的層面，天使靈氣是把天使的意識、天使的頻率、天使的基因、天使的能量帶給人類與地球，協助你們快速釋放從古至今因果業力的枷鎖，療癒身體與靈魂受傷的印痕，以喚醒、激發你們內在的天使質地，讓你們更快速順暢的回歸天使的狀態，恢復天使的頻率。但這回歸的過程無法一蹴可幾，不是接收了幾次天使靈氣的療癒、獲得幾次天使靈氣的點化就能完成。

從人類還原到天使，就如同褪去層層的囚衣與舊殼，解開種種綑綁住你們、箝制住你們的人類習性，這是一條明心見性天使性的旅程。在脫殼重生的過程中有可能是不舒服的、倍覺艱辛、具有挑戰性、需要被考驗的。在這回歸聖潔的道路上，你們必須保持信心，願意百分百信任天使，並且相信自己最終將會與天使合一。

我傳遞天使靈氣到地球是造物主的旨意。祂希望在地球揚升的陣痛中得到更多神聖能量的護持，從減輕痛苦、減少阻礙中順利的演進。因此我聚集了所有天使純粹的能量，經由人間管道英國的凱文‧柯瑞的意識與身體接引到地球。

接收天使靈氣的人，在經過一段持續天使靈氣的療癒之後，便會逐漸感受到自己有如脫胎換骨，宛若重生。人性私慾的習氣逐漸減少，天使慈悲的良善與日俱增。天使靈氣是幫助你們快速恢復天使本質的催化劑，當你們成為天使靈氣的管道

次數越多,積極熱情的將天使靈氣引導到人類、動物、土地、自然界;當你們接收到的靈氣越多,停止因果業力的輪迴、斷除恐懼與煩惱、重獲自由的機會就越大。當你們逐漸丟棄人間的包袱與鎖銬,邁入一個更不受侷限、更擴展、更自由的領域,你們能創造顯化的奇蹟也將越來越多!在靈性的層次上,天使靈氣幫助你們重回天使和平與溫柔的懷抱;在物質層面,則是幫助你們快速顯化,這顯化速度之快,將會超越你們所能想像,令你們瞠目結舌,驚嘆連連!

　　天使靈氣可以活化人類的細胞,激活正面律動的因子,提高身體所有組成元素的振動頻率,打開更多存在於你們之內的靈性與智慧的門戶,以接引更多的神聖能量進入,協助你們更為敞開、更無所窒礙,以遇見更多的可能與機緣。去除恐懼與無明的障礙,甦醒你們的青春活力、減緩老化、增強身體抵抗力、切斷與負面事物的連結、在身體形成靈氣的保護膜與光罩,讓你周圍的天使與神聖存有認出你來,認出你內在已然啟動的天使引擎。

　　不分男女老幼、身體健康與否,都可以接受天使靈氣的灌溉與滋養。天使靈氣的執行師或接受天使靈氣療癒的人,身上都會散發出屬於天使靈氣特有的香氛,吸引天使、精靈、獨角獸與其他神聖存有的注意與陪伴,祂們將十分樂意聽候你們的差遣、為你們服務。每一位靈氣教師、執行師以及接受天使靈氣的人,都將成為地球的靈氣光柱,提高你們所在之地的頻率,為周圍環境帶來穩定、和平、安詳的力量。

我所傳遞的天使靈氣隸屬於神聖幾何立方體的一部分，是一個充滿無條件的愛，具有無限豐盛意識與可能性，能夠點石成金，化腐朽為神奇的偉大力量！天使靈氣是天使界的高科技，能夠穿透所有稠密沉重的思想念相，反轉因果業力的作用，開啟內在神聖智慧之門，暢通你們的靈性天賦，打開你們的靈性感官，提升身體的覺受與敏感度，提高正向振動頻率與自我防禦力，阻絕外界負面元素的干擾、投射與攻擊。每位天使靈氣執行師，將可連結至少一位與你有緣的神聖天使、高靈、揚升大師的合作，與你們一同耕耘你們的靈性道途，這是我大天使麥達昶對你們的承諾！

　　這銀河宇宙充滿了無法計數的神奇能量，天使靈氣顧名思義是由天使來為你們服務。由於天使不受任何時空、國界與藩籬的約束，因此天使靈氣的內涵其實是相當包羅萬象的。當我們提供靈氣服務的時候，是根據你們每個人不同的需求量身訂作天使靈氣的內涵。我們知悉你們目前最迫切的需要，因此天使靈氣除了集合大量天使的資源之外，只要是對你們有益的、符合你們需要的，我們自然也會就地取材，沒有任何忌諱與障礙，把來自四面八方，各種神聖奇妙的靈氣與宇宙能量結合成天使靈氣運作在你們身上，這是天使靈氣最自由、最不設限的殊勝之處。期待天使靈氣為你們的人類生活帶來巨大的正向轉變！我是大天使麥達昶。

——傳訊管道：光之鑰伊莉莎白

天使靈氣的來源：
光之天使王國

　　天使靈氣是我聚集造物主所創造的每一位天使所形成的巨大天使能源，我把所有的天使之愛團結匯聚使之成為天使靈氣。

〜大天使麥達昶

　　天使靈氣的能量來源是天使，那麼天使又是什麼呢？

一、從宗教的教義定義天使

　　天使，英文為 angel，在希臘文中稱為 angelos，都是「使者」的意思。在猶太教、基督教和伊斯蘭教中，都存在著天使的傳說。

　　按照猶太教的說法，天使是為了侍奉耶和華（神、上帝）、歌頌榮耀耶和華而被創造的。在上帝創造天地萬物之前，天使就已經存在了。基督教聖經記載天使是聽神差遣、傳達神的命令和旨意的信差。伊斯蘭教認為天使會啟示指引人們，例如大天使加百列以人形出現，引導先知穆罕默德完成了《古蘭經》。在西方宗教的概念中，天使通常被描述為具有翅膀（光

芒）和身穿長袍（聖潔），或者頭戴光環（智慧）。天使是代表神聖、純潔，正直，無條件之愛的純精神體，擁有神的智慧和超越人類的力量，沒有性別之分，祂們是不朽的生命，天使的**數量數之不盡**，遍布宇宙，是幫助宇宙與人類演化的使者，並維持宇宙有秩序的運行。

二、英國天使靈氣定義的天使

根據英國天使靈氣的教導，天使是所有**創造的原型**（Archetypes of Creation），是造物主「創造力」的展現，是宇宙**的創造法則**（Laws of Creation），每一個創造性理念都是天使，造物的所有原則都是天使，所有具備創造力的都可以稱之為天使，亦即所有受造之物皆是**以天使做為模型**而創造出來的。

如此說來，我們每個人都是天使，所有的動物、植物、礦物都是天使，我們眼睛所見的萬事萬物也都是天使，沒有什麼不是天使性的，因為能夠被創造出來的，必定要滿足造物的法則。我們不須執著於天使的形象，因為天使形象背後的真相只是**造物的模式**。我們應當有足夠的智慧知曉，我們與天使界是完全緊密連結的，我們也是根據造物法則所創造出來的神性表達，我們每個人都是活動中的天使。**當我們與天使連結就是連接到一切的造物原則。**

英國天使靈氣這個療癒體系是來自光之天使王國的無條件之愛、大天使麥達昶的神聖幾何立方體、揚升大師迪瓦爾·庫

爾（Djwhal Khul）的療癒法則以及古埃及的古老教導，而古埃及的教導則源自於亞特蘭提斯的高度文明與智慧。

★ 羽毛與翅膀是天使高度靈性的象徵

據說最早的天使形象是出現在1萬年前的古埃及女神瑪特（Maat）。女神瑪特是有著張開翅膀的苗條女子，她的頭上帶著羽毛（參見圖1）。羽毛是人類歷史最久遠的靈性符號，從古至今，許多的祭祀拜神的儀式典禮和服飾形象中都喜歡使用羽毛，它代表著與靈性世界的連結、開啟靈性智慧的象徵。女神瑪特的羽翼形象象徵著「宇宙造物的法則」，造物法則指的是神、造物主用來創造一切的規則、設計或原型。

圖1　據說所有的宇宙法則、宗教理念和天使的形象，都來自於埃及女神瑪特。

★ 數字、圓形和環形運動是宇宙的創造法則

除了羽毛與翅膀的形象與符號，隨著時間的演進，人們在不斷探索中發現，宇宙創造法則普遍存在於人類日常生活中，肉眼隨處可見。如果以數字而言，創造出我們宇宙的三個主要數字是3、7和12，例如：神聖三位一體，聖父、聖子、聖靈；父親、母親與子女；七日造物、七脈輪；十二生肖、十二星座等。若是以圖形而論，我們所了解最簡單的幾何圖形是圓形與球體。行星是球體，幾乎所有運動球類都是圓形或橢圓形。我們的指紋與DNA也是圓形螺旋形。

從能量運動來看，地球自轉或繞著太陽環形公轉、銀河系呈現螺旋形的運動、投擲物體的拋物線呈弧形，當我們接收天使靈氣的清理與療癒，身體也會跟隨能量的流動呈環形的微微擺動（靈動），一切都是環形能量，都是運動中神性的展現。圓形、環形與螺旋形都是創造力的表達、都是造物的法則。

★ 天使是造物法則的原型

如果我們畫一個圓，之後畫三個圓，再畫七個圓，再接著畫十三個圓，最終會畫出麥達昶的立方體（Metatron's Cube）。從天使靈氣的天使卡中我們了解到天使的原型是天使光球，是有著黃金比例的球體（參見圖2），天使就是數字和圓形創造能量法則的範型與原型。天使真正蘊含的意義是造物的法則，大使能量即是創造中的運動，任何與創造理念有關的人事物，我們都能稱之為天使。造物的所有原則都是天使。我們無須親眼

見到天使或身體感受到天使的能量才能與天使連結，當人們有著創造的思想、說著創造的話語、採取創造的行動，就與天使王國連結了，就是鮮活行走在人間的天使了！

圖2　五角星代表無條件的愛，圓形代表宇宙的創造法則，這張天使卡說明，天使是以無條件之愛創造的宇宙法則，天使的原型是有著黃金比例的球體。

三、光之鑰伊莉莎白看見的天使

　　我曾經多次在給自己天使靈氣的時候，看見天使的原型、祂們的真實樣貌。那是一種人間少有的潔白光團，從心輪的地方發散出純淨美麗的白光，這些純淨的白光優雅的振動著，就

像是一對光的翅膀。當天使的能量充滿包圍我們，我們會有溫暖、被保護、被深愛著、深受感動想哭泣的感覺。因為天使的頻率在心輪振動，即是說天使的能量可以療癒我們的心輪，圖3裡的天使就是我看到的接近天使的模樣。

圖3　天使發光示意圖

　　當我們運作天使靈氣，天使們在我們的周圍振動，當天使們振動，祂們內在無條件的愛之光就會流淌出來，從我們的能量場進入脈輪、進入我們的身體，所以我們會覺得溫暖、覺得被愛。我明確感受到天使是充滿無條件之愛振動的光，祂們是愛的發光體，有天使臨在的地方就會充滿愛、被愛籠罩。

　　印象最深刻的一次，是在做天使靈氣自我療癒的時候，我進入到很深層的放鬆和空無當中，有一種人和身體不見了，只剩下寧靜的意識存在著。突然，閉著眼睛原本漆黑的眼前變成了一片白光的世界，很像電影裡描述的人死後進入的白光天

堂。在這片白色世界中出現了好多閃耀著純淨白光的光點，這些光點離我越來越近變成了光團，這光團的形狀好似正在快速振動著翅膀的發光蜜蜂。當我正納悶著為何會看見發光蜜蜂的當下，有人在我耳邊說出「天使」兩個字，我頓時恍然大悟，原來這發光的蜜蜂是天使啊！

我的眼前陸續出現越來越多大大小小發光的天使，祂們揮動翅膀的速度不一樣，體型比較小的天使揮動的短促快速，體型較大的天使揮動的速度則是相對緩慢優雅。當我十分好奇為何天使會有翅膀？天使好似聽見我的心聲，立即有一團光朝我移動過來，幾乎就貼在我的眼前，讓我清楚地看見光團的心輪位置有兩道強光發射出來，這兩道強光持續規律振動，所以看起來像是一對揮動的翅膀。我突然領悟，原來天使的翅膀是從祂們的心輪散發出來的強光啊！

我又生起另一個疑問，為什麼天使會發光呢？祂們的光源是來自哪裡呢？我試著要往光團的心輪深處看去，想知道是什麼讓祂們發光？但是越往內探索光芒就越強烈，只覺得自己的視覺被亮到無法看清任何事物，最後只好放棄。天使卻以心電感應的方式回答了我的疑問：「天使是百分之百無條件的愛之存有，我們最主要的程式設計是愛，我們就是愛的本身。從天使的心輪散發出來的光，是無條件的愛投射在三度空間顯現出來的型態，無條件的愛越多，光就越多。每位天使的日常就是經由不斷的振動來生產製造更多的光與愛！」原來這就是天使的真相，真是令我大開眼界啊！目前所知的六翼天使有三對發光

的翅膀，可想而知六翼天使無條件的愛有多麼的強大壯觀！統整以上對天使的認知，若是你們問我天使是什麼？我會如此回答：「天使是造物主最早用來創造世界的原型，是宇宙無條件之愛的化身，是不斷振動的純淨白光，是球體形狀的發光體。」

★ 光之天使王國的樣貌

有一次我詢問大天使麥達昶，天使王國是一個什麼樣的世界呢？祂給了我以下的回答：

當靈魂回復到最初始最純粹的光中，在那裡不存在是非善惡、不存在好壞對錯、不存在光明黑暗、不存在真相或幻相、不存在時間，也不存在死亡，只有單純的光、愛與振動。四周一片凝定安詳，因為每個發光的靈魂都專注在各自的振動裡，陶醉在自己振動出來的美妙音符裡，沐浴在振動出來的光采裡，心無旁騖的振動，開心喜悅的振動。振動愈多，內在的光向外擴展的愈多；振動愈多，從內外溢的愛就愈多；振動愈多，內在的智慧領悟就愈多；振動愈多，對自體的愛就愈多。唯一的意念就是振動，卻巧妙完美的共振出充滿無條件之愛的曲調，集體共振卻和諧合拍出宛若空無的靜寂無聲。這個充滿無限光與美妙音律的地方是天堂，是天使王國，是很多靈魂的源頭，是靈魂朝思暮想的家鄉。

聽完祂的回答後，我的眼眶濕了。我告訴自己，自己很幸

運能夠與天使再度相聚,只要我好好滿足我的靈魂想在地球服務的願望,有朝一日,我一定能夠回到我的天使家鄉!

天使靈氣的內涵：
無條件的愛

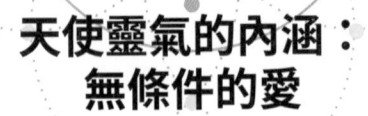

　　我所給予的天使靈氣隸屬於神聖幾何立方體的一部分，是一個充滿無條件之愛、無限豐盛意識與可能性，能夠點石成金，化腐朽為神奇的偉大力量！

～大天使麥達昶

　　從英國天使靈氣的教導以及我和學生十多年來運作天使靈氣得到的認知與領悟，從以下三點我們可以發現，天使靈氣是在無條件之愛的頻率中給予和接受。

一、傳承造物主的愛與創造力

　　造物主是一片無限光的存在。無限光就是無限的無條件的愛之光，造物主即是無條件之愛的產出源頭。無條件的愛是造物主無中生有的魔法、宇宙最強大的創造力。一切受造之物內在最深層的本質都是無條件的愛，在無條件的愛中誕生的生命，都被允許以其所是的真實樣貌自然生長，天使是造物主以無條件之愛創造出來的完美化身。

　　之前提到，天使是宇宙造物的法則，萬事萬物都是以天使

為原型創造出來的，人類也是以天使為範型所創造，因此每個人的內在都有天使的基因，而天使是無條件之愛的完美化身，天使的基因就是無條件的愛，亦即每個人的靈魂都是由無條件之愛孕育而成。由此可知，天使靈氣的內涵就是來自無限光的無條件之愛，人類的靈魂與天使的靈魂血脈相通來自同一個本源，當人類的靈魂失去力量，可以從天使獲得補充，接收天使靈氣，就是在為人類的靈魂補充營養、能量與體力。

二、天使靈氣尊重靈魂的意願

天使靈氣在靈魂的層面運作，尊重靈魂的意願，實現靈魂的願景，給予靈魂無條件的愛。

學生來問我：「老師，您曾經說過，我們可以不經由對方的同意傳送天使靈氣給任何人。為何當我在家裡傳送靈氣給住在療養院的父親時，卻看見父親對我擺手搖頭，拒絕接收天使靈氣的療癒呢？」

我回問：「你在傳送靈氣的時候，是否有附帶條件？」她回答：「因為護士阿姨說父親經常抗拒吃藥，所以我在傳送天使靈氣的時候，有提醒父親要乖乖吃藥，聽護士的話。」我說：「那麼你傳送的就不是無條件之愛的天使靈氣，難怪你父親的靈魂會拒絕接受。」

無條件的愛，是允許靈魂做祂自己，不干涉祂的選擇和行動。靈魂是具有神性智慧的存在，祂已經預先規劃了專屬於此

生的生命藍圖，天使靈氣會支持靈魂實踐生命藍圖的路線，完成每次轉世靈魂想企及的目標，縱使靈魂的計畫大多時候不按牌理出牌，超出人類腦意識的正常認知。

三、天使沒有分別心，無條件的給予

在天使靈氣的運作過程中，不論是傳送者或是接收者，對天使來說都是需要淨化與給予愛的對象。天使沒有分別心，祂們不會因為你沒有上過天使靈氣的課程就不給予你能量。當天使靈氣執行師在運作天使靈氣之時，處於同一空間的其他生命也會無條件接收到天使靈氣的照顧與滋潤。

例如：當我坐在高鐵車廂裡給自己天使靈氣，車廂裡哭鬧不休的孩童突然安靜下來睡著了；喧譁吵鬧的人們心情平穩沈靜了，整個車廂的能量氛圍變得放鬆自在、寧靜安詳。當學生在房間裡給自己天使靈氣，跟她在同個房間裡的家人竟然也發生了清理的好轉反應，頻上廁所。住飯店的學生，隔壁房間原本啼哭不休的孩童，在他為自己傳送天使靈氣後沒幾分鐘就安靜無聲了。一位美女給自己天使靈氣藉以提升財運，沒想到她老公升官加薪了……多到數不清的經驗顯示，當我們運作天使靈氣的時候就成為了天使靈氣的管道，天使的光與愛無條件經由我們傳送給身邊的人和整個地球，因為天使靈氣就是無條件的愛啊！

天使靈氣：
靈魂的食物與養分

我在天使靈氣的教室裡經常說：「接收天使靈氣就像是在餵靈魂吃飯、為靈魂補充營養、補血、為靈魂充電，因為天使靈氣是無條件的愛，靈魂的組成份子也是無條件的愛，可以說天使靈氣就是靈魂的食物與養分。」當靈魂虛弱無力時給予天使靈氣，就能幫助靈魂恢復氣力，靈魂恢復力氣後，就可以繼續走完接下來的生命道路，創造偉大的生命軌跡，完成靈魂未竟之功業。

使靈魂圓滿完整

天使靈氣是一種使之平衡和圓滿的能量，是靈魂整體性的療癒。若是身心靈有任何不平衡、不協調、破洞、缺漏、不足的狀況，在運作天使靈氣一段時間之後都會趨於完整圓滿。修補靈魂碎片，使靈魂完整圓滿就是其中一個例子。

喚醒靈魂的神性力量

如果說天使靈氣是在進行療癒，其實更像是一種喚醒和提

升,喚醒我們每個人內在的神性,提升自身的完美性,因為在神的國度裡不存在缺憾,只存在完美。天使靈氣是一種喚醒神性、使之完美的能量。也像是接受天使基因的輸血,把人類的基因替換代謝,從狹隘有侷限的人類狀態,回歸到無所限制、充滿創造的神性振動。

為靈魂補充力量的方法

我們可以經由以下方式為自己的靈魂補充體力、增強靈魂無所不能的神奇力量:

1. 愛自己

當我們知道靈魂的本質是無條件的愛之後,我們領悟到靈魂脆弱缺乏力量的原因就是「愛的匱乏」,特別是自己給自己的愛。因此,為靈魂補充能量最簡單直接的途徑就是愛自己、給自己無條件的愛。每天告訴自己「我愛你」、「我以你為榮」、「我相信你」、「我接納所有的你」……就是餵養靈魂的食物、為自己的靈魂補充體力。

2. 接收天使靈氣的能量

經常給自己、給他人天使靈氣也是為靈魂補充元氣和力量的方法。「天使靈氣」是來自生命源頭的能量,代表無條件的愛,能夠繞過小我與腦袋的干擾與控制,直接從靈魂層面給予

愛的補給。當持續給自己或別人一段時間的天使靈氣，你會驚喜的發現，你其實不怎麼辛苦努力，對自己的批判與不滿意卻越來越少，喜愛自己的程度越來越多，逐漸充滿自信有力量，越來越容易心想事成，因為天使靈氣就是讓我們無條件愛自己的源頭 DNA！

3. 開發靈魂的神聖品質

除了無條件的愛，我們的靈魂也具備某些神聖品質，例如：勇敢、美麗、喜悅、慈悲、創造、豐盛……每次當我們盡情表達展現這些神聖品質，我們也在強化自身的靈魂力量。

4. 相信自己是造物主的化身

如果我們每個人都是造物主的化身，為何自己卻感受不到呢？因為歷經太多失敗創傷，流失太多神力導致靈魂虛弱無力，所以無法相信自己是造物主的神性火花。那麼要如何找回神的力量，讓自己確信自己是具有強大力量的偉大生命呢？

記得在雷神索爾的電影裡，雷神曾經一度忘了自己是雷神，因此他無法號令他的神器雷錘啟動。後來當他記起自己的身分，相信自己的瞬間，他所有的神力都恢復了，雷錘自動朝他飛了回來。由此可知，恢復神性力量的不二法門就是愛自己、相信自己、力挺自己、以自己為榮，如此，所有失去的神力都將再度回來。這是最簡單的真理，卻是最容易被忽略忘記

的，因為人總是習慣向外尋找，認為偉大的力量存在於複雜艱深的事物中。即使知道要愛自己，也不知道如何做到真正的愛自己？更有可能就是沒辦法愛自己、接納自己！

我經常告訴學生：如果已經非常努力卻仍然無法接納真實的自己、相信自己，那就向天使求救吧！那就信一回靈性世界的力量吧！天使無條件的愛與包容，能夠讓我們不知不覺接納自己、愛自己，與內在的神再度合一！天使的出現，就是來提醒我們：我們就是造物主的化身，從未與源頭分離。

天使靈氣療癒實例：學會愛自己

——天使靈氣教師羅雅燕

曾經我以為很愛我自己，想要的東西會買下來、定期全身按摩、吃美食、將自己打扮得光鮮亮麗⋯⋯但我並沒有真正地覺得開心。表面上我笑容甜美，但我並沒有發自真心，我總覺得自己不夠好、我苛責自己、批判自己、在意他人對我的評價，就算在家人面前笑稱自己是大美女，但我的心是空虛的。

當肚皮舞老師時，學生們總是讚美我像仙女，聽到讚美聲當然是開心的，但轉身後我又會自我懷疑，我覺得我跳得又不好、能力又不足、會搶拍又容易緊張，我根本就不是個好老師，我真的有資格當老師嗎？其實那段當老師的日子我壓力很大也不是很開心。接觸身心靈後，心開始有一點點落實的感覺，我開始覺察注意來到我身邊的訊息、接受內心的指引。但

我依舊缺少自信、不相信自己，依然會質疑自己，直到我接觸天使靈氣。

一開始我只是沉浸在天使靈氣的能量中，天天給自己天使靈氣療癒，愛上那種好似飄在空中的舒服感。我知道天使靈氣可以清理負面情緒、療癒過往傷痛、修補靈魂碎片和找回過往天賦才能，但這些並不是馬上能夠看到的，所以最初我只是愛上那種飄飄然的感覺。然而現在，我的心總是漲滿的，感受到每個細胞的活力、感受整個宇宙的愛。我愛學習、我愛生活、我覺得自己的靈魂愈來愈強大。我不再害怕犯錯、也不害怕承認說我不知道、不再追求完美、不再硬撐著自己、不去在意所謂的形象，因為我知道不論是哪種面貌的我都是極其可愛的，這才是真正地愛自己。

愛自己就是不需要做什麼，不需要很成功就能讓喜悅充滿心中。善待自己、無條件地接納自己才是真正地愛自己，自然地就會覺得自己充滿力量。

天使靈氣：
神性之手的療癒

天使王國是令你們成為神性之手的管道與工具的響導。

我們將會給予你們的這些知識就是那套被稱為天使靈氣的體系。

～大天使麥達昶

圖4　神性之手的示意圖

天使靈氣的能量來自於七次元的光之天使王國，是大天使麥達昶神聖幾何立方體的一部分，並且攜帶著生命源頭無限光

的振動頻率。天使靈氣執行師經由雙手傳送天使靈氣給自己或他人，就是把**天使的基因與生命源頭的神性振動**傳送給自己與別人，因此天使靈氣執行師的手也被稱之為「神性之手」。

每次接收天使靈氣，都宛若是在天使愛的搖籃裡放鬆舒服的接收天使的輸血、注入天使的基因。一段時間之後，人性的弱點與限制逐漸減少，天使的愛與智慧日益顯著。

★ 天使靈氣療癒實例：神性之手的體感

我曾經在給自己天使靈氣療癒的時候，進入到非常深層的療癒狀態，雙手被強烈的電流貫穿，麻痺到好似手要斷掉了，強烈的電能凍住了我的雙手以致於無法鬆手放下，最後雙手竟然好似隱沒入身體裡不見了。接著我進入到一種身體、心靈、意識完美合一的空靈狀態，周圍的一切都不見了，什麼就沒有了，呼吸也好似停止了，只剩下「存在」的感覺，最後我變成一顆掛在天空中的星星，寧靜安詳自在地獨自發光。療癒結束後，覺得自己的能量向外延伸擴展了不少，而且變得更穩定完整、堅實有力，這真的是特別美好殊勝的經驗。

★ 不需輔助工具的徒手療法

天使靈氣的運作非常簡單，天使靈氣執行師在療癒的過程中不需要畫符號、唸咒語、變換手位，也不用記住天使的名字或者任何儀式與術法，不需要任何輔助工具（例如靈擺、塔羅牌、天使卡、魔法陣圖或人偶……），只需用雙手或意念就可以

在任何時間、地點傳送靈氣給自己或他人，因為身體就是最完美的能量傳遞媒介。

★ **輕鬆簡單易學**

　　天使靈氣是最輕鬆、最簡單、效果顯著的靈性方法，只有兩種手勢，很適合缺乏耐性、記不住太過複雜手法和冗長知識的人，也很適合自認是麻瓜，缺乏自信可以把靈性療法學好的人。因為天使靈氣就是一股強大無條件之愛的能量，能快速放鬆大腦的掌控性，安全地開啟靈性感官。

★ **適合所有人學習**

　　不分男女老幼，天使靈氣適合所有人的學習。天使靈氣的療癒也適合所有生命，包括孕婦、嬰孩、年長者、寵物、水晶礦石和植物皆可。簡單容易快速上手，是最沒有限制與忌諱的徒手療癒方法。

★ **傳送者與接收者共同療癒**

　　每次傳送天使靈氣，無論是傳送者還是接收者都會同時被清理、被療癒、被充電，因此傳送者不會有能量消耗或者被接收者的負面能量影響的狀況。一來是因為天使不會厚此薄彼，不論是誰天使都會給予照顧；二來能夠確保傳送給接收者的能量仍然維持在七次元天使靈氣的高頻與純淨，因此對於管道的淨化是優先考量的關鍵。

★ 與天使合一

天使靈氣的療癒過程中,傳送者與接收者在「身體、思想與能量場」結合,天使靈氣的天使們會用強大的天使光球包圍兩人使之與天使能量合一,天使靈氣執行師與接收者當下被調頻成為天使的振動頻率,可以說每次的天使靈氣療癒都是讓傳送者與接收者與天使合一、恢復天使狀態的過程。

★ 傳送者不會承擔個案的因果業力

由於天使靈氣的療癒師是天使,所有與傳送者、接收者有關的因果業力、生命藍圖的設定、生命課題……天使都瞭若指掌,不會有傳送者承擔了對方的業力或生命功課、干擾了彼此生命藍圖進行的問題,整個過程都在天使最完美的運作下進行。

★ 最舒服、最安全的靈性療法

無論是天使靈氣執行師或是接收者,天使靈氣都是最舒服最享受的靈性療法,你只需要把雙手放在自己或對方的身體,可以說你幾乎什麼事都不用做,只需信任天使的服務即可。也由於不需要任何的輔助工具,在任何時間地點都可以運作,在運作的當下也不會干擾周圍其他人,因此增加了我們運作天使靈氣的意願與機會,在能量不斷地堆疊累加的情況下,療癒效果因此日益顯著。

★ 無所不療，生命整體的療癒

如果你問我，天使靈氣可以療癒什麼？我會回答你：天使靈氣無所不療！任何你說得出來的問題與狀況，例如：迷惘沒有方向、缺乏自信、無價值感、受害者意識、過往前世創傷、恐懼憂慮、負面情緒與憂鬱、貧困匱乏、療癒內在小孩、個人與家族業力、身心靈平衡與調養等等。天使靈氣都會在事件的本質與問題的根本源頭上給予支持與療癒。

★ 接收天使靈氣帶來的正向轉變

在接收天使靈氣一段時間的療癒之後，以下的正向轉變明顯可見：

身體層面：

1. 為身體注入七次元的天使光頻，提高身體的振動頻率，增加天使的基因，延緩老化，強化身體的抵抗力，減少疾病的發生。
2. 調整腦波到阿爾法波（α波）和希塔波（θ波），從僵硬固執的頭腦思維回到靈活敏銳的心靈直覺。
3. 切斷與人類負面集體意識的共振，不受大環境的動盪不安牽引。
4. 協助身體的放鬆，降低頭腦的掌控，幫助睡眠。
5. 成為光之天使王國的管道，獲得天使王國的寵愛與守護。

心靈層面：

1. 找回愛自己的能力，內在的愛與安全感與日俱增。
2. 直覺力、心電感應能力明顯提升，更容易心想事成。
3. 轉化匱乏與恐懼，進入豐盛富裕、安詳自在的生活。
4. 開啟更多靈性感官，增強與指導靈、守護天使的連結溝通。
5. 超越二元性的分裂思維，成為合一意識的揚升大師。

靈魂層面：

1. 修補靈魂碎片，讓靈魂變得完整有力量。
2. 協助靈魂發光發熱、展現靈魂神奇的創造力。
3. 實現靈魂服務他人的願景，走向人生志業的生命寶座。
4. 脫離因果業力的糾纏，不再輪迴轉世。
5. 與天使一起工作，協助全人類與地球的揚升。

★ 家家戶戶必備的急救箱和維他命

我覺得天使靈氣是家家戶戶必備的急救箱或日常服用的維他命。因為天使靈氣是最適合用來當作日常保養的靈性方法，也是在危急時刻可以「徒手」進行救助的工具。雖然天使靈氣的振動頻率達到七次元以上，但由於操作方法簡便，也很適合成為學習靈性的入門工具。許多學生回饋我，學了天使靈氣之後再去學習其他的靈性方法，都更加得心應手、輕鬆應付。那是因為天使靈氣已經淨化敏銳了學生們的靈性感官，為他們建

構良好的靈性基礎。

　　學習任何靈性工具絕對不能少了「天使靈氣」，天使靈氣是最強大的去黑漂白的天使能量，把深藏於內在的負面邪惡轉化為正向光明的理解與愛，逐步恢復人們原本光亮純潔的天使樣貌！

天使靈氣的療癒師：
最完美天使

　　天使靈氣是把天使的意識、天使的頻率、天使的基因、天使的能量帶給人類與地球，協助你們快速釋放從古至今因果業力的枷鎖，療癒身體與靈魂受傷的印痕，以喚醒、激發你們內在的天使質地，讓你們更快速順暢的回歸天使的狀態，恢復天使的頻率。

〜大天使麥達昶

　　根據大天使麥達昶對天使靈氣的說明，天使靈氣並非只有天使能量，只要是目前需要的療癒元素，天使都會採集過來一併給予，這也只有神通廣大的天使才能勝任了。因此，天使靈氣的療癒師是天使，療癒工作由天使全權負責、一力承擔，執行師只需專注成為靈氣管道即可，完全不需消耗自身能量去負擔沉重的療癒壓力與責任，能與天使一起工作就是如此輕鬆幸福的事啊！

　　天使能超越人類的視野與智能把最適合的能量與智慧帶給接收者，同一位接收者在不同時間與地點、不同問題與事件中的狀態都不盡相同，天使是高等智慧的生命，祂們能夠因時因地制宜將最符合時宜的元素組合成最完美的天使能量給予接收

者。可見，每次前來療癒的天使或許會有所不同，也有可能是多位天使的聯手服務。因此，天使靈氣的療癒天使並不專指某位天使，而是稱之為「最完美天使」，最完美天使能給與接收者當下最完美的療癒能量。

天使靈氣的療癒精神：
無為就是最完美的療癒

英國天使靈氣的療癒精神是無為（Non-Doing Healing）。

無為就是放下所有療癒的擔心憂慮，放下「一定要把個案的疾病或症狀治好」的執著，全身心靈信任天使，百分百相信天使必定會給予最完美的療癒。無論事後個案有何反應，信任最完美的療癒效果正在如實的發生著。

無為代表靈氣執行師不插手介入天使的療癒、不主動加入主觀的療癒行為、不將其他的療癒方法混入天使靈氣的能量中，而是相信自己的直覺，配合天使的引導行動。因此天使靈氣執行師並不需要在療癒過程中畫出靈氣符號、唸咒語或給出療癒的指令。無為的精神表現在「療癒的過程」和「療癒後」與個案的全方位斷開。亦即不論是療癒過程或療癒後**人為的干預越少越好。**

無為也代表給個案、接收者無條件的愛，給予支持、沒有批判。

當天使靈氣執行師將個案視為完美的神性靈魂，這個意識能量會進入療癒能量圈裡，對療癒效果有加乘作用。相反地，若是執行師將接收者視為有病的、不完美的，就會折損療癒的效果。這代表執行師的內在越是洋溢著無條件的愛，越是不參

與個人小我的投射，就能將無為的頻率帶到最高境界，讓療癒產生更多奇蹟。

「無為」就是最完美的療癒，因為：

一、天使靈氣的療癒師是最完美天使

在天使靈氣的療癒裡，天使才是真正的療癒師，天使靈氣執行師只是傳送能量的「管道」，天使會在「遵守宇宙法則」、「不干預生命藍圖」與「生命課題」的設定、「圓滿因果業力」的靈魂層面運作天使靈氣。天使站在一個更為高遠宏觀的視野來療癒人類，因此每個天使靈氣的療癒都是最完美的療癒，遠遠超越人類有限的智能所能理解。

二、天使靈氣療癒的是「因」不是「果」

疾病產生的症狀並不是療癒的重點，更大的恩典是經由疾病的發生通過生命課題的考驗，獲得靈魂想要汲取的智慧與力量，學習如何更愛自己，這需要時間讓個案從中有所領悟，而天使靈氣會加速這個自我參透的過程。基於天使是最完美的療癒師以及每次的天使靈氣傳遞肯定是最完美的療癒的前提下，無論是療癒過程或療癒過後，天使靈氣執行師都應保持信任臣服與中立客觀的態度，不對療癒結果牽腸掛肚，在療癒結束後適時地與個案斷開。

三、天使靈氣執行師「並不會」承擔個案的因果業力

在傳送天使靈氣的過程中,天使靈氣執行師與個案都被天使靈氣的光所保護包圍,天使靈氣執行師「並不會」承擔個案的因果業力,因為執行師與個案需要被平衡的因果業力都會在天使無條件之愛中被化解與圓滿。這種安全性也是我們可以不需經過對方的同意傳送天使靈氣給任何人的原因。

四、天使靈氣執行師不介入個案的因果

如果一個人必須經由因果業力來體驗與領悟某些智慧,在時機尚未成熟之前,絕對不可能讓別人輕易的取走或承擔他的因果業力,再厲害的療癒師、大師、再神奇的療癒工具也不可能做到。當時機成熟了,你會剛好遇到那個可以治好你的、幫你度過難關的人。那是因為某個需要領悟的課題你已經完成的差不多了,並不是那個人消除或取走了你的因果業力。若是個案的療癒時機尚未成熟,你認為可以協助他扭轉乾坤,執著於要治好他,就是在干預他的因果,這時候與對方業力共振的狀況就可能發生,但不是因為你療癒他所以承擔他的業力,而是因為你與他有相同需要穿越的課題,所以才會聚合在一起。對天使靈氣執行師而言,無為代表不介入接收者的因果,不執著於把個案的病或症狀治好,對於療癒結果保持信任,因為如果療癒是完美的,那麼結果必定也是完美的。

五、療癒結束後與個案無條件斷開

一旦療癒完成，要讓個案從自己的意識中無條件離開。若是執行師在療癒結束後仍掛念憂慮個案事後的反應與結果，執行師的意識投射將會讓療癒效果有所折衷。執行師必須清楚的認知，在光之天使王國的護持下，療癒的進程都在神聖秩序下運行，不論當事人有何看法，每次的療癒都必定是當下最完美的。

天使靈氣的清理與點化：
成為天使王國的完美管道

天使靈氣的執行師或接受天使靈氣療癒的人，身上都會散發出屬於天使靈氣特有的香氛，吸引天使、精靈、獨角獸與其他神聖存有的注意與陪伴，祂們將十分樂意聽候你們的差遣、為你們服務。

每一位靈氣師父、執行師以及接受天使靈氣的人，都將成為地球的靈氣光柱，提高你們所在之地的頻率，為周圍環境帶來穩定、和平、安詳的力量。

～大天使麥達昶

天使靈氣執行師肩負著傳遞最精粹、最純淨的天使靈氣能量，因此在天使靈氣的體系中，每一階的課程裡都有至少一次的能量清理與點化。清理與點化的目的是要創造傳送天使靈氣的完美管道，除此之外，更深遠宏偉的意義是創造天使在人間的化身。完成點化後，每位天使靈氣執行師都是天使王國認定的專屬能量管道，身邊都會跟隨著天使靈氣的天使團隊，祂們等待著靈氣執行師的召喚，隨時隨地準備貢獻自己的天使能量。

天使靈氣的清理（Cleansings）

天使靈氣清理的層面包括了三維度的身體以及四維度的脈輪、乙太體、理性體、情緒體、星光體與靈魂體。在三種意圖的作用下進行清理：斷開、修補與升頻，為點化做好事前的準備工作：

斷開：是指切斷與低頻負面能量的連結維繫。例如：因果業力、曾經與黑暗勢力締結的盟約、現今已不適用需要淘汰的承諾、誓言以及任何與「無條件之愛」無法相容的頻率與能量。

修補：經由天使與亞特蘭提斯的水晶修補靈魂碎片、恢復靈魂的完整性與神性的創造力。

升頻：經由大天使麥可的加持，在身心靈的所有層面注入神聖源頭（Elohistic）的正向光明能量，協助靈魂從三維度回到神性的振動，降低小我的控制與影響。

經過這一番清理的程序，我們所有看得見或看不見的身體與靈魂體才有能力與七次元的天使王國對頻，進而容納大量的天使之光進入，成為完美的天使靈氣管道。

天使靈氣的點化（Attunements）

★ 成為天使王國完美管道

點化是讓靈氣執行師具有天使級的振動頻率，成為完美的天使靈氣管道。點化是在接收者的身體、脈輪、DNA、靈魂體、意識與能量門戶注入天使靈氣的符號，這些符號提升執行師的整體振動頻率維持在天使級振動，以方便在任何時刻都能對準天使的頻率、與天使順利合一。

★ 光之天使王國親自點化

天使靈氣的點化是由「光之天使王國」執行，天使靈氣教師則是點化的管道與橋樑。點化的能量是來自七次元的光之天使王國，而不是天使靈氣教師的意識或能量，天使靈氣的符號是由天使們直接給予，如此可以確保接收到的點化能量是純淨的天使級振動。

天使靈氣教師與天使王國的連結越緊密、越是信任天使、信任自己，能接引的天使能量就越多越純粹。因為天使靈氣教師的意識與頻率影響著每一場天使靈氣工作坊的能量品質，因此，教師們在每次的工作坊中都將首當其衝接受天使王國的強大淨化與清理，目的是傳遞最純粹的天使靈氣給工作坊的所有參與者，所以在帶領工作坊期間，教師們出現清理的好轉反應也是司空見慣的事。

★ 恢復靈魂最初始創造的純淨

點化是天使靈氣療癒中最重要的環節，天使靈氣的學生們在身心靈能有立即迅速的轉化與蛻變，點化的作用居功厥偉。點化修補了神創造人類最初始的神聖藍圖，讓人們憶起自己是偉大的神性靈魂，回復最初始的純淨完美樣貌。

★ 行走在人間的天使光柱

點化的效果會幫助學生與負面低頻的能量斷開，增加靈魂的光度，散發著天使靈氣獨特的香氣（頻率），吸引了更多天使、精靈、獨角獸與其他神聖存有的注意與陪伴。每位天使靈氣教師、執行師以及接受天使靈氣的人，都將成為地球的天使靈氣光柱，提高所在之地的頻率，為周圍環境帶來愛、和平與安詳的力量。

分布在天使靈氣全階課程中的點化種類大致如下：

1.各階的點化：

這是天使靈氣系統中最主要的點化。這個點化有三層重要意義：其一是天使靈氣教師藉由意識與聲音創造點化的空間，接引造物主的無限光經由七種神聖層界進入接收者的光之管道中以修補靈魂的神聖幾何藍圖、補充神性的力量。其二是點化天使們將天使光球、靈氣符號與神聖幾何圖形完美結合後錨定於執行師的所有意識與能量門戶，以確保每次的能量輸出都攜帶著天使靈氣的振動頻率。其三是點化完成後，執行

師的七個脈輪成為傳送天使靈氣的光之管道，上主默基瑟德（Melchisedech）最後會在頂輪授予權杖。

我曾在帶領工作坊時特別留意上主「授與權杖」的意象，我看見上主將每位執行師的光之管道在頂輪處對準由天使王國延伸下來的天使光束，形成穩定的連結，這個動作稱之為授與權杖。至此我明白，被點化後的天使靈氣執行師在靈性層面與天使王國已經形成穩定的連結、已然成為天使王國專屬的能量管道，能隨時接收從天使王國下來的智慧與光，每位執行師的頭頂都連結著肉眼看不件的天使光束，這是多麼殊勝神聖的榮耀啊！

2. 30位大天使的點化：

在每個階級的訓練完成後，教師會帶領學生們前往天使王國的光之聖殿接受天使王子薩瑞姆（Sarim）及30位大天使的賜福，類似於慶祝學生成為天使靈氣執行師的結業典禮。30位大天使給予學生高次元的調頻，並賜與每位大天使的智慧、知識與能力，這真是一輩子千載難逢的豐盛點化啊！

3. 大天使麥達昶的點化：

接收了30位大天使的禮物後，大天使麥達昶會在每位接收者的第三眼注入天使靈氣的鑰匙，讓天使靈氣執行師可以超越時空的限制，在造物主所創造的萬事萬物中體驗天使的神聖品質、連結到天使靈氣的能量。這些天使之鑰以不同的符號形式

進入我們的潛意識中,在適當的時機會自動發揮作用。每次被大天使麥達昶點化過後,我都會覺得自己似乎瞬間變成潛力無窮的天才兒童了,著實幸福呀!

4.卡巴拉生命之樹10位大天使的點化

這是教師階的專屬點化,這個點化的精神是接收10位大天使的能量印記,體驗成為10位大天使的感覺,賦予教師成為帶領學生揚升回歸源頭的卡巴拉天使。卡巴拉生命之樹的10位大天使在第5章〈天使靈氣教師階〉會有詳盡介紹。

天使靈氣：
回歸源頭的階梯

天使靈氣系統共有四種課程、四個工作坊，學生彷彿踏上四個光的階梯，帶領靈魂逐步揚升回歸源頭。

每個階次的作用和目標如下：

「天使靈氣1&2階」：修補靈魂碎片，補充靈魂的神性力量。
「天使靈氣3&4階」：與靈魂家人合一，成為神性單子。
「專業執行師階」：恢復宇宙不斷創造的本質。
「天使靈氣教師階」：回到源頭的懷抱。

這四個工作坊的設計理念根源於猶太教神祕學卡巴拉生命之樹的精神，每個階級都需要接受至少17~19小時的實體課程訓練，完成各階課程後會被授予英國天使靈氣的官方證書，成為英國天使靈氣全球家族的一員。教師階訓練結束後，教師的名字將被登錄在英國天使靈氣官方網站，提供給全世界的學員查詢。有興趣與天使一起工作、成為天使療癒的專屬管道、培訓自己成為傳遞光與愛的靈性教師，都非常適合學習天使靈氣！

天使王國的降臨：
奉獻空間祈請文

　　天使靈氣之所以如此安全有效，除了天使王國的清理與點化以外，「奉獻空間」的效果功不可沒，在天使靈氣**工作坊或療癒進行**前都必須先奉獻空間。

　　奉獻空間的理念是來自於西方古老的智慧與迎神儀式，實際真正的目的是淨化「空間」與「參加者」的負面低頻能量，提升空間與參加者的振動頻率，讓天使七次元的能量與頻率能在工作坊與療癒的期間完美維持與運作。更重要的是邀請天使來到工作坊與療癒的空間為我們服務，能夠因此把空間就地變成光之天使王國更好。奉獻空間就是對神聖的光之存有（天使）發出邀請的大聲宣告。

　　我聽過某些靈性老師們提到，曾經因為工作坊的場地能量不佳，或是學生的情緒排負過於激烈，以至於影響了當天的教學品質與學習效果。我建議如果老師們在上課前有奉獻空間，就不會發生這類令人遺憾的情況了。

　　工作坊開始前奉獻空間的效果：

1. 淨化空間、調高空間的頻率：
　　目的是淨化空間、將空間原有的負面與低頻能量轉化成高

頻的天使頻率,如此可讓空間形成與光之天使王國銜接的橋樑,讓天使能量穩定進入,參加的學員也不會受到空間殘留能量的干擾,能穩定安住在工作坊中專注地學習。

2. 淨化學員的脈輪、調高身體的頻率:

學員可以藉此清除從外面帶進教室的雜亂能量,讓自己更順利地與天使能量合一,提高學習效果。若是學員在奉獻空間時覺得身體不舒服,實屬頻率調高的轉化現象。

3. 邀請光之天使王國降臨所在的空間:

三度空間是屬於人類的世界,根據宇宙法則,只有當人們發出邀請,所有「非物質的生命」,包括光之神聖存有才能進入三次元的世界和我們互動、為我們服務。受邀進入工作坊的天使能量越多,參與天使靈氣工作坊的所有人受益越多。所有存在於此空間的有形或無形的生命、不論高頻或低頻、光明或黑暗,都會被天使無條件之愛所轉化提升。

4. 形成穩定的高頻振動場域:

奉獻空間時,會經由教師的宣告在空間建構幾個具有強大淨化與轉化力量的靈性結構,例如:埃及路克索神殿的揚升光柱、白光大師瑟若比斯貝(Serapis Bey)的揚升火焰、大天使麥可的金色防護罩……等。教師們還可以邀請信任的揚升大師、星際聖者或來自宇宙八方的光之靈性階層加入護持工作坊的進行,形成穩固強大的光能網域。

5. 清除療癒所釋放的負面能量,參加者不會互相影響:

這些架設的靈性機關會存續於工作坊期間,一直到關閉空

間為止。所有因為清理、點化、療癒所釋放的因果業力與負面能量,都將被天使的無條件之愛與這些隱形的機關悉數轉化或吸收,以確保老師與學員的清淨與安全,並避免造成能量互相干擾或投射的情況。

6. 凝聚所有參與者的意識進入神聖合一之愛:

奉獻空間是在空間形成天使能量的光浴,經由在天使光浴中呼吸,將所有參與者的意識與頻率都導入到無條件之愛的合一意識中。

簡易版的奉獻空間

這是大天使麥達昶授予的簡易版奉獻空間的文字,效果等同於奉獻空間的完整儀文。目的是當我們出門在外,或突遭緊急狀況,需要傳遞天使靈氣為他人療癒之時可即時使用。千萬不要輕看這短短兩句話,要知道你的信心與信任是讓不可能成為可能的魔法棒!

只需透過簡單的意圖與宣告,就能簡單又有效的奉獻空間。所謂「思想引導能量,能量跟隨思想」,你可以大聲說出來或在心中默念:「我把所在的空間奉獻給光之天使王國,我召喚光之天使王國降臨我所在的空間。」

我們也可以奉獻任何地方給光之天使王國。即使你人不在該地,你可以在心裡默念或這麼說:「我把某地(例如:台灣、亞洲或地球)奉獻給光之天使王國,我召喚光之天使王國降臨

某地。」奉獻空間就是邀請光之天使進駐我們所在之處或指定的場所，攜帶著無條件之愛的天使會在我們的召喚與允許下進入該空間，提升該區域的頻率，轉化負能量。

我經常在搭乘高鐵或其他交通工具的時候奉獻空間。我會這麼說：「我把十二節高鐵車廂奉獻給光之天使王國；我召喚光之天使王國降臨所有的高鐵車廂。」然後就閉目養神給自己天使靈氣。我觀察過，每次當我奉獻完空間，就彷彿天使為車廂裡的每個人施放安定身心的魔法，原本喋喋不休的人們頓時安靜下來，哭鬧不止的孩童睡著了，車廂裡變得一片寧靜安詳。我也會觀想快速行駛的高鐵列車就像是裝載著天使靈氣的灑水器，向前奔馳的同時，為經過的每寸土地灑下天使靈氣給予淨化與療癒。在那個時候，我會忍不住感恩天使王國給予我們無條件的愛，感謝天使靈氣是如此簡單方便、容易使用。如果全世界所有人都能經常奉獻空間，相信我們的星球很快就會變成人間天堂！

學員奉獻空間的心得分享：

｜玥兒的分享｜

某天我坐在客廳靜心，突然想唸完整的奉獻空間祈請文，我找出講義，在客廳慢慢的唸完它。不久後我的先生下班回家（他不是身心靈掛的人，沒接觸過任何靈性課程），他放好包包，就在我面前來回踱步。我看著他，覺得他好像在感受什麼。接著他說：「空間……變明亮了，變寬敞了……有種……

心也擴展的感覺……妳剛剛有做了什麼嗎？」

他的反應讓我打從心底大大的開心！當下也體悟，許多靈性工具可以協助我們守護能量，帶來許多益處和方便。當我們願意相信自己，用自己的真心真意來唸出奉獻空間祈禱文時，那能量真的感動天使，祂們不來充滿你空間都不行。然後，我天天給自己天使靈氣，每天被那細緻又深入的能量洗禮，自己經常成為光通過的管道，更可以讓我們在奉獻空間時就感受到天使飛奔來替我們運作了。

| 佳穎的分享 |

到台中參加天使靈氣1&2階的課程，第一天老師教我們怎麼奉獻空間，下課後我回民宿休息，上方房間的小孩很瘋狂的蹦蹦跳跳，隔壁間的小孩也哭個不停，我當下覺得完了……這是要怎麼休息？

持續了大約快半小時，他們還是沒有要歇停的打算，最後我決定不管他們了，開始唸奉獻空間的祈禱文，準備做自我療癒，當我想像奉獻空間覆蓋整棟建築物的時候，樓上居然冷靜下來了，隔壁也不哭了！當晚我也睡了個好覺，天使靈氣實在太好用了！

| 劭臻的分享 |

奉獻空間完就開始聽到天使們說：接納包容每個面向是我們每個人必須面對學習的。唯有愛是真實的！我必須學習無條

件的愛自己，接納自己。當我們處於恐懼時也告訴自己，不要慌，你是安全的，終將會過去的，安撫自己的內在孩童。學習面對每次出現的感受，接納它之後就放下它喔！

後來我看到同學們坐在紅色大蓮花上，忽然聽到伊莉莎白老師對大家喊口號的說：「我們是全能的單子！我們就是愛的化身！我們是源頭造物主的愛！」沒多久，我看到粉紅色的櫻花雨一直飄落祝福每個人，而大家瞬間變成粉紅色光閃爍著，我感動得眼睛都濕潤了。

| Chapter 2 |

天使靈氣1&2階

修補靈魂碎片、恢復靈魂的神性力量

靈魂祈禱文

(The Soul and Monad Mantras)

我是靈魂（I am the Soul），

我是神性之光（I am the Light Divine），

我是愛（I am Love），

我是意志（I am Will），

我是確定的設計（I am Fixed Design）.

我是單子（I am the Monad），

我是神性之光（I am the Light Divine），

我是愛（I am Love），

我是意志（I am Will），

我是確定的設計（I am Fixed Design）.

靈魂祈禱文是由揚升大師迪瓦爾‧庫爾（Ascended Master Djwhal Khul）經由愛麗絲‧貝利Alice Bailey傳遞給地球，當我們念誦靈魂祈禱文，可以強化靈魂的力量，加深我們與源頭的連結。

靈魂的本質：
無條件的愛之光

靈魂的本質是光

「你的靈魂是光，祂的具體形式是愛。祂是靈魂次元的大師。為了成長和完成祂的更高目的，你的靈魂必須成為你的物質次元的大師。祂的目的之一是學習如何把祂的光送進你的人格、心智和情緒，在其中建立靈魂層次更高的光與韻律。

你的人格是存在地球空間的形式與物質世界的靈魂。你的靈性進化程度取決於你的靈魂在地球空間的主宰能力。你的靈魂對地球空間的熟悉，來自於你和祂的合一，以及你明白和實現靈魂目標與目的的能力。

要達到開悟之境，你不能坐等你的靈魂來接觸你，為你做所有的事。你的靈魂處於一種深層冥想的狀態，祂大部分的注意力向上對準靈性次元，對準神純然的光，直到你準備召喚祂的注意。祂不斷傳送靈魂的能量波給你，祂對你的工作會在你對祂發展覺知時改變，然後你能運用祂激發、淨化和轉化的能量獲得靈性的成長。

你是那個必須吸引靈魂注意的人。你可以透過意識擴展、追尋大我、靈性成長和開啟光體來吸引靈魂的注意。你展現內

在生命的意願和意圖可以吸引你的靈魂。當你有意識地連結你的靈魂，並繼續吸引祂進入你的生活，你的靈魂會開始投入更多的注意力和能量給你。當這種情況發生時，你的靈性成長將突飛猛進。你從地球空間向上伸展，你的靈魂從靈魂次元向下實現。當你與你的靈魂融合你能吸收祂內在和周圍的一切靈性知識，讓你的生活更加美好。你的靈魂知道人類和全體生命的神聖計劃，明白你在計劃中扮演的角色。你的靈魂向下送出光，透過你在地球的意識，祂體驗到自己。你的人格對祂越有回應，祂越能成功地透過你展現。你的靈魂透過你實現祂的更高目的，精練送光給你所有的形式和物質的世界。當你與靈魂融合，傳送祂的能量到你的生活，你便以一種寶貴的方式為人類服務，你傳遞靈魂的能量。透過與你的靈魂接觸，你能把愛、光、美麗與喜悅傳送給別人。」（以上文字摘錄自珊娜雅‧羅曼的著作《靈魂之愛》／生命潛能出版社）

　　我們是帶著滿滿的愛來到這個人類世界（三度空間）的生命，我們的更高本源稱為單子（Monad），祂的振動頻率在五次元以上，生命從靈魂本源（單子）降頻分流下來變成靈魂、形成現在的人類。成為人類後，靈魂經歷許多創傷與痛苦，每次都會消耗部分靈魂能量來自我療癒。經過不斷的轉世，靈魂的力量越來越少，靈魂擁有的神性力量越來越薄弱。當靈魂力量薄弱時，就會受到情緒干擾，被小我的牽制，越來越難以完成生命藍圖設定的目標，靈魂無法得到滿足，因此不斷在地球輪迴。

伊莉莎白的靈魂夢：靈魂艱辛困難向前行

多年前的某個夜晚，我做了一個夢。夢裡有一團散發著淡金色、末端帶紫色的光團拖著沉重的身體異常困難的向前移動。醒來後，我莫名其妙的大哭了一場，不知道為何哭泣？彼時，是我身心俱疲、陷入生命低谷，不知道該何去何從、對未知迷惘無力的時期。

後來進入靈性的學習，我終於明白當時醒來為何哭泣的原因。那是我的人格面被靈魂深深感動因而哭泣。因為縱然身處靈魂暗夜、有志不得伸，靈魂卻仍然堅持硬撐著沒有放棄，奮力掙扎著要繼續前進。

我覺得自己很幸運，能夠看見自己的靈魂光體，也明白了靈魂的願景與堅持，然後，我就學習了天使靈氣。這真的是巧妙的安排，看見自己的靈魂、與自己的靈魂連結以後，就找到了為靈魂補充力量的工具了。

靈魂原形：
不斷移動的螺旋光體

靈魂是什麼？

人類的靈魂是以無條件的愛為基底，具有高度智慧與創造力，攜帶著特定神聖品質，來自五次元以上層界的能量發光體，以圓形螺旋的方式運動。圓形、環型與螺旋的幾何圖形是宇宙創造法則呈現的形狀，換言之，圓形螺旋的靈魂就是創造力的化身。靈魂本身的圓形螺旋體越完整、向外延伸擴展的範圍越廣，靈魂的生命力與創造顯化的能力就越強。與靈魂的形狀最接近的就是我們熟悉的銀河系，小至靈魂、中至星球、大至銀河系都走在不斷演化揚升的道路上。

靈魂是時空的旅者。從源頭分離之後，便開啟單獨與個別的探索之旅，往被吸引的方向前進。靈魂一路以複製、分裂、降頻的方式，從自身分離出生命的火花，墜落在全宇宙各個不同的角落。

靈魂的本質是愛，從自身分離出靈魂的能量散落各處，目的就是為了分享愛、散播愛，這是靈魂與生俱來的本能。當靈魂送出的愛越多，祂會從體內自行產出更多的愛，如此生生不息，循環不已。不斷的無條件付出、贈予、分享就是靈魂自我

修煉與成長的最佳途徑與方法。

　　從靈魂的生命軌跡得知宇宙存在著三股自然的力量：付出（作用力）、接受（反作用力）、平衡（中和調節之力）。靈魂的探索之旅就是分享自身的愛與祝福，同時體驗探索不同世界的過程。分享是付出能量的形式，探索與體驗是接收能量的途徑，當付出與接收達成平衡圓滿，就完成了一次靈魂成長躍進的旅程，靈魂會前往另一個需要祂或是吸引祂的地方。

圖5　靈魂原形示意圖

靈魂碎片：
靈魂流失的神性力量

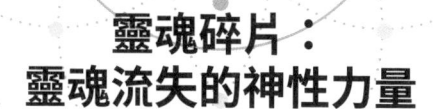

靈魂碎片（Soul Fragments）是當靈魂在某個時間點經歷了某些事件，導致靈魂的部分力量脫離靈魂本體，這些脫離靈魂本體的靈魂力量就稱之為靈魂碎片。靈魂碎片產生的原因是靈魂需要「自我療癒」、「為人格面補充能量」以及「療癒其他靈魂」。

當靈魂進入具有人性的肉體成為人類開始地球生活之旅，因為遭遇諸多狀況與事件（可稱之為因果業力），部分的靈魂力量被消耗掉或遺落在某個時空地點，導致靈魂本體的體積縮小，靈魂的神性與力量因而減少，使得靈魂的人生之旅倍覺艱辛。

這些被消耗掉或遺落的靈魂碎片，必須被修復補充，使靈魂回歸完整，才能繼續發揮靈魂的神性力量去翻轉與改變不順遂的現實生活，這是修補靈魂碎片的重要意義與價值。

靈魂碎片消耗的原因

1. 意外的驚嚇

由於不預期的外力直接撞擊到靈魂，導致部分靈魂掉落在

受到驚嚇的現場，靈魂由於失衡，就會以發燒或身體不適的警訊來提醒我們，通常可以透過光療法或運作天使靈氣來找回靈魂碎片。

2. 極度的痛苦

當人們遭遇極度的痛苦，例如生病、離婚、破產、親人離去等狀況，人格面苦不堪言，此時靈魂會用掉部分的靈魂力量讓人格面能挺過這些艱難的時刻。在艱困的環境下仍然堅強的活著，這股支撐的意志就是來自於靈魂的力量。

3. 不愛自己

靈魂的本質是自重、自愛、以自己的存在為榮的。當人格面批判自己、覺得自己不夠好，甚至厭惡自己的存在，這些不接納自己的念頭與能量就像是一把一把的利劍不停的刺向自己，靈魂因此傷痕累累，讓靈魂不得不用掉部分的能量來自我療癒。不自愛、不珍惜自己大概是消耗掉靈魂碎片最常見的狀況。

4. 傷害他人

在靈魂的世界裡，靈魂與靈魂之間是連結合一、相親相愛、互助合作的。當我們因為人格面的自私與邪惡去傷害其他靈魂的同時也傷害了自己的靈魂，此時靈魂除了為自己療傷以外，也會用掉部分的靈魂力量去療癒被我們傷害的靈魂。由此可知，傷害別人是最得不償失的事情。

5. 壓抑靈魂的意願

我們喜歡的興趣嗜好通常都來自我們的靈魂天賦。當靈魂

發揮天賦才華服務別人，靈魂的能量體會因為能量不斷流動而更為成長茁壯，靈魂發光發熱享受著成為自己、表達自己的喜悅，此時靈魂充滿著活躍的生命力與創造力。若是壓抑自己的喜好興趣與專長，逼迫和勉強自己去做不喜歡的事情或工作，靈魂將鬱鬱寡歡，逐漸失去生命的熱情活力，靈魂碎片也會隨之凋零。

6. 有害健康的癮症

癮症就像是強酸或強鹼腐蝕了靈魂的力量，癮症也會形成固定的振動頻率，讓靈魂的能量無法向外更新擴展，限制靈魂的流動性，因而縮小靈魂的體積，限制了靈魂力量的發揮。

7. 人類負面集體意識的清理

我們的靈魂經常在夜間出遊去救助其他的靈魂、幫助其他的靈魂成長。特別是當人類負面集體意識甚囂塵上的時候，帶著使命的天使靈魂會義不容辭的在夜晚人格面休息期間，消耗自己的能量去清除全球人類的負面集體能量，因為負面集體能量是地球成長與揚升的包袱和阻礙，也是天災人禍的來源之一。

有力量的靈魂們集結成群，用自身的靈魂力量去轉化全球各地不斷發生的集體負面勢能，讓地球能夠穩定的揚升，讓人類能夠安居樂業的生活。這些貢獻出去的靈魂碎片，都是靈魂們對地球和對全人類的愛！

靈魂無力的症狀

當靈魂碎片不斷被消耗，靈魂力量大幅縮減，就會出現以下「靈魂無力」的症狀：

1. 經常性的恐慌與不安全感。
2. 缺乏自信，沒有主見。
3. 無力感或體弱多病。
4. 徬徨迷失，找不到生活的目標。
5. 氣場薄弱，運勢不佳，諸事不順。
6. 容易被判定為卡陰或靈擾。
7. 思想與情緒負面悲觀、消極絕望。
8. 害怕與人群接觸，變得封閉孤僻。
9. 憂鬱症。
10. 經常有輕生或自殺的念頭。

如果你有以上的狀況，代表你的靈魂正在向你呼救，祂需要你為祂補充靈魂的食物與營養，那就是「無條件的愛」！

恢復靈魂力量：
修補靈魂碎片

每一個來自五次元以上的神聖靈魂，都期待著在這個三維空間發揮所長、大放異彩，對這個星球有所貢獻。若是靈魂體破碎不完整，就無法有足夠的力量通過這個星球的挑戰與考驗，更遑論要貢獻一己之長在人類世界發光發熱。再者，當靈魂沒有力量，就代表神性的力量無法在這個三度空間發揮作用，人格面小我的勢力逐漸坐大，現實生活中的困境越來越多，深陷在三次元的恐懼與限制無力自拔。靈魂想在地球之旅中實現生命藍圖的最高靈魂版本就遙遙無期，只好在地球不斷地輪迴轉世。

如何修補靈魂碎片？

首先要針對碎片消耗與流失的原因進行療癒：安撫驚嚇、釋放過往的創傷、學習接納與珍愛自己、停止傷害別人、發揮靈魂天賦為別人服務、離開癮症、設立靈魂碎片流失的停損點。

接著接收天使靈氣的療癒為靈魂補充營養、灌注力量，因為天使靈氣的無條件之愛是靈魂的食物和營養。

修補靈魂碎片的好處

- 增加靈魂的神性力量。
- 翻轉人生、創造美好現實生活。
- 展現靈魂天賦為他人服務。
- 結束轉世輪迴。

當我們接受天使靈氣的滋養,就是在幫我們的神性靈魂加油充電、施打營養針、服用營養補給品,恢復靈魂的神奇力量!修補靈魂碎片,使靈魂的版圖回歸完整壯碩,真真切切是讓我們的人生之旅開花結果、停止輪迴轉世,揚升回歸源頭的當務之急。

天使靈氣釋放因果業力：
停止輪迴

宇宙的三股自然力量

宇宙中存在著三股自然力或者稱之為宇宙秩序：「作用力」、「反作用力」和「使之平衡之力」。這三股作用力是宇宙在不斷創造與更新的變動下能夠繼續平衡存在的維持力量！所有的生命、能量、已知或未知的存有都被這三股力量不知不覺影響著，若是有任何能量脫序失衡，這三股力量會自動發揮作用將之導回正軌。

這三股宇宙秩序之力當然也存在於人類世界和整個地球。例如我們的呼吸：吸氣、吐氣——如此平衡運作、循環不已。太陽從東邊升起、西方落下，日復一日、年復一年。在天使靈氣系統中所謂「因果業力」即是宇宙三股原力互相制衡的現象。

天使靈氣解釋的因果業力

天使靈氣是以科學常識、宇宙法則為基礎所衍伸而出的靈性方法，因此對於因果業力的定義也是以永恆不變的真理作為論述。

在英國天使靈氣系統中認為**因與果是一種作用力與反作用力**。因果是起了某個想法吸引了某個對應的結果。因與果是同頻共振、是吸引力法則，是思想的種子結成信念的果實。**業力是指反覆發生某類因果的現象、習慣、癮症以及無法放下的執著**。業力也代表靈魂想要平衡過往未曾領悟的智慧、體驗尚未經驗的感覺。因此，因果業力不是傳統宗教述說的因果報應、還債或懲罰的現象，因果業力其實非常普遍地存在於人類的日常生活中。當人們執著於某種想法、情緒、信念、態度、行為、習慣無法改變，導致為我們的人生帶來不順遂、匱乏、痛苦、困難、疾病、衝突、限制——這些重複循環發生的執著與習氣，都可稱為因果業力。

例如：如果有受害者意識的思想（因）會吸引加害者的出現（果）。一直相信有人會傷害自己，就會不斷創造加害者的出現，如此循環不已的現象就是因果業力。當我們接收天使靈氣後會清除內在的受害者意識，終止加害者不斷出現的循環。

又例如：心情不好的時候（因）會想要大吃大喝、喝酒或抽煙（果），養成了每次只要心情不好就會暴飲暴食或酗酒的習慣、形成煙癮（業力），這種情況也是因果業力。天使靈氣療癒的層面是因不是果，天使的智慧與愛會引導我們看見心情不好的根本原因，並學會愛自己、給予自己愛來取代不良的生活習慣、中斷癮症。

因果業力就像地心引力、大氣壓力般是真實存在於地球的無形力量。因果業力也是一人做事一人當、為自己的所作所為

負起責任的約束力。我們的每個起心動念、舉手投足之間都在創造因果業力，我們可以在天使靈氣的能量薰陶下，創造好的因果業力來取代創造不好的因果業力。

如何脫離家族業力

「家族業力」是指同一個家族親人有相同需要走過的生命經驗或需要攜手穿越的生命課題（家族劇本）。（註：每個生命都有一個劇本，個別生命的劇本組合成家族的劇本。家族劇本形成社會劇本；社會劇本集結成國家劇本；全球國家的劇本就是地球的劇本。）雖然家人有血脈淵源，所有家人都有需要參透的相同生命課題，然而「選擇權」與「自由意志」掌握在每個家族成員的手中，要脫離家族業力（家族劇本）端看個人如何選擇。

例如：父債子還是最典型的家族業力模式。如果孩子不是心甘情願，是被迫代替父親還債，家族業力就形成了。女兒因為家族重男輕女的教育而養成自卑、無價值感的個性，這是家族業力。親人間因為金錢互相傷害、不肯原諒對方，這也是家族業力。

根據「因果業力法則」與「自由意志法則」，每個人必須為自己的選擇和行為負起責任，那就代表沒有人可以為其他人受過、償債或贖罪，因為從自己而出的能量最終是回到己身，不會流向他處，這就是作用力與反作用力，是宇宙永恆不變的真

理。當我們使用自由意志選擇不再服從錯誤的家族信念模式，願意給予家人無條件的愛，就能切斷家族業力的鎖鏈，走向嶄新的人生。若是目前仍無力脫離家族業力的枷鎖，那就使用天使靈氣為自己的靈魂補充力量，把重心先放在改變自己。有朝一日當靈魂恢復力量，就會輕易的從家族業力的牽絆中鬆開，因為自己的劇本改變了也會牽動他人的劇情跟著改變。

天使靈氣：
量身訂作的療癒

在天使靈氣的1&2階課程裡，學員可以學到六種療癒方法，它們都非常簡單易學，執行師不需要畫符號、不需要唸咒語、不需要擺陣法、不需要唱誦，只需要專注與天使的連結即可。療癒的過程就像是進入靈魂深處的靜心，把傳送者和接收者融入天使的光球裡，與天使合一，讓傳送者與接收者最後都「成為天使」。

一、管道療癒

天使靈氣的第一個療癒方法稱之為「管道療癒」。管道療癒顧名思義就清楚說明：天使靈氣執行師並不是療癒師，是傳送天使靈氣的神聖管道，是連接「光之天使王國」與「接收者」的門戶與橋樑。執行師最重要的工作就是心中帶著祝福與愛，信任每次的療癒必定是最完美的療癒，專注地維持住天使靈氣的空間即可，人為的介入越少越好，讓天使順暢的做好所有的療癒工作。這是天使靈氣最簡單的療癒方法，事實上你可能會發現，只需使用管道療癒即能達成完美的天使靈氣療癒了。

二、意圖療癒

意圖療癒又稱為第三眼療癒，主要是在身體與脈輪層面進行淨化和修補的工作。

第三眼是一個既精密又神奇的結構，配合我們的意念行動，第三眼可以進行正向意念的淨化與療癒，也能夠進行邪惡意念的攻擊與控制，然而要記住，上天堂或下地獄就在人們的一念之間。

雖然這個療法的意圖主要是放在療癒個案的身體，然而在療癒的過程中天使靈氣會進入執行師的第三眼先給予淨化，使執行師的第三眼也成為傳送天使靈氣的通透管道，因此這個療法同時也淨化了執行師的第三眼。第三眼掌管著人類的信念系統、潛意識與靈通力，若是天使靈氣執行師經常使用這個方法為他人療癒，對於提升第三眼的等級與開啟靈通能力，將帶來突飛猛進的效果。

天使靈氣的療癒都是共同療癒。天使靈氣執行師在傳送靈氣給接收者時，首當其衝會被天使的能量清理淨化，以維持管道的潔淨通透。因此個案完全不用擔心會接收了傳送者的負面能量，或者被有不良意圖的療癒師施與控制的邪術，因為一切都在光之天使王國無條件之愛的秩序中運作。

三、自我療癒

自我療癒是天使最接近我們的時刻，除了接收天使靈氣的能量，還能同時接收天使的訊息、把願望告訴天使、請天使協助我們度過難關，與天使互動。

自我療癒每週至少應做三次，最好每天做一次。我們可以坐著、躺著甚至是站著，隨時隨地給自己天使靈氣。傳送天使靈氣給自己或給他人有標準的手勢，這個手勢代表給自己、給他人傳送無條件的愛。當自己接收天使靈氣的時候，表達出「把來自高我和靈魂深處的愛傳送給小我和人格面」，為高我與小我搭起溝通的橋樑。這也代表我們願意全方位接納自己的缺點與不完美，高我包容接納小我，高我與小我和諧合一。每次當我們傳送天使靈氣給自己，就是在告訴自己：「我愛自己，我接納自己真實的樣貌，不論是優點或缺點，我都如實接受，我願意給自己無條件的愛。」因為，無論是靈魂層面或人格面最需要的營養成分就是給自己的無限包容與愛呀！

天使靈氣療癒實例：療癒心輪

早上醒來為自己做天使靈氣，感覺到很溫柔的能量在雙手之間細緻的振動，沉穩豐厚的能量持續的湧進來，慢慢我的手好像隱沒在心輪與太陽神經叢裡了。我感受到太陽神經叢不安的燥動，而天使靈氣彷彿正努力與之溝通，並且不斷的輸入愛與鼓勵的養分給太陽……（太陽神經叢是小我人格的意志中

心）。

接著觀音上師到來，祂說要幫我療癒心輪，當一團光亮進入我的胸膛後，一陣陣溫暖與服貼的氣流在我的心房漾開了來，我的心輪也一圈一圈向外鬆～鬆～鬆～開了～柔軟了～放下了⋯⋯因為實在是太舒服了，所以我又沉沉的睡著了⋯⋯。

四、多維度的療癒

天使靈氣的療癒，可以追溯到靈魂被創造的初始直到現在（如果靈魂的生命是以線性來計算的話）。就好像我們從娘胎出生一直到壽終正寢身體都需要氧氣，天使靈氣就是靈魂的養分和氧氣。天使靈氣可以超越時間和空間的距離、超越接收者的所有轉世、貫穿所有次元及不同的實相，前往任何需要被療癒、讓靈魂得以恢復完整完美的地方，因為天使是不受時空限制的神聖生命，而人類的意識也可在任何時空來去自如。

靈魂在五維度以上的形態是純粹的光體，有自行補充能量、自行補光的能力。但降低頻率進入第四維度以下的靈魂能量，由於種種原因開始支離破碎，需要借助天使的能量來修補靈魂碎片。我們可以在任何時間地點使用天使靈氣來修補靈魂碎片，但如果把人們的意識帶回到過往，似乎對療效更有幫助，因為那會給人們一種再次身歷其境的感覺。

在天使靈氣的頻率中，人們的身體逐漸放鬆，意識的頻率提升，天使靈氣執行師在天使的引導下前往接收者的過去、現

在與未來療癒靈魂的創傷。

天使靈氣在個案的過去世進行療癒可達到以下的效果：

1. 療癒過往的創傷、修補靈魂碎片。
2. 解除過往被封鎖的靈魂天賦。
3. 完成過去未完成的生命課題。

天使靈氣療癒實例：修補前世的靈魂碎片

天使靈氣的確能療癒我們前世痛苦的記憶與創傷。

我的小女兒從小乖巧溫馴卻經常臉帶愁容、膽小缺乏自信，讓我心疼不已。在傳送靈氣給小女兒時，我看見自己的前世是一個名門望族的富家千金，我愛上了西方的傳教士，並且不顧家族的反對跟他在一起。我看見當時的母親是我這一世的外婆，我懷著身孕跪求著她的原諒，哀求她同意我嫁給那個洋人，但由於我的情緒過於激動所以小產了。後來畫面跳格看到小女兒一個人孤零零的站在煙霧迷濛的海中央，孤單害怕瑟縮著身體不知該何去何從？天使告訴我她是我小產流掉的胎兒，當下我明白天使正在療癒我跟她前世這段傷痛的過往。我下意識的把腳用力往地上一踏，海水頓時從兩邊退散，明亮的白光從天上照耀下來，我奔上前去緊緊抱住她，告訴她不要害怕，媽媽在這裡……接下來的時日，一有機會，我便會告訴她我很愛她，因為有她，我是這個世界上最開心幸福的媽媽，我也需要她的愛……就這樣，隨著小女兒日漸長大，我感受到她內在

的安全感愈來愈充足,臉上的笑容愈來愈多,並且恢復自信,已經能夠勇敢表達自己的想法與主張,甚至開始當起學校的班級幹部了。原來,修補靈魂碎片真真確確就是為靈魂找回原有的自信與力量啊!

五、遠距療癒

天使靈氣執行師可以傳送天使靈氣給不在同一空間和時間的生命,不論是還活著或者已經往生的人。只需要知道接收者的姓名,光之天使王國便會差遣兩組天使團隊支援整個療癒過程。一組陪伴執行師的運作;另一組則會陪伴在接收者的身邊,兩邊同時進行,讓療癒的效果滴水不漏。即便療癒結束,天使靈氣的天使們仍然會待在個案的身邊持續給予能量至少28天。

也即是說,每次的天使靈氣療癒,接收者除了得到天使靈氣的能量以外,還能獲得1~2位天使靈氣天使後續的照顧,你說天底下怎麼會有這麼好的事呢?因為天使總是給我們無條件的愛呀!

六、邀請神聖能量加入療癒

大天使麥達昶在介紹天使靈氣之時曾提到:

「當我們提供天使靈氣服務的時候,是根據你們每個人不

同的需求量身訂作天使靈氣的內涵。我們知悉你們目前最迫切的需要，因此天使靈氣除了集合大量天使的資源之外，只要是對你們有助益的、符合你們需要的，我們自然也會就地取材，沒有任何忌諱與障礙，把來自四面八方，各種神聖奇妙的靈氣與宇宙能量結合成天使靈氣運作在你們身上，這是天使靈氣最自由最不設限的殊勝之處。」

在傳送天使靈氣的過程中，執行師通常能感受到或看見除了天使以外的神聖能量加入療癒的行列，這些神聖能量可能是神佛、揚升大師、高靈或是星際療癒者。根據我的觀察，這些神聖能量大多是天使邀請過來協助療癒個案的指導靈或是當下能提升個案靈性成長的有緣聖者。

天使靈氣療癒實例：療癒過敏體質

從事天使靈氣個案服務的經驗不僅讓我深受感動，也激發我的靈性智慧快速成長。我感恩的領悟到：療癒別人其實也在療癒自己。

這次來讓我服務的是一位可愛的女孩，她想要解決敏感體質的問題：到負能量比較多的地方身體會覺得不舒服。天使靈氣的療癒流程，簡單又實用，共分為三個部分：第一部分是了解個案的問題，第二部分是進入療程，第三部分是療癒過程的分享與個案回饋。

★ 第一部分：了解個案的問題

　　我看見她的指導靈「觀世音菩薩」站在她的正後方，穿著白蓮花圖案的紫衣，慧眼慈悲的注視著她，一團紫紅色光的能量穩定的包裹住她的全身。此時，我接收到一個訊息：她的靈魂已經覺醒，想發揮靈性的力量服務大眾，但是小我不斷叮囑她：靈性世界很危險，一不小心就會走火入魔，或者被不懷好意的靈體入侵。

　　我說出收到的訊息，她猛點頭說：「對，就是你說的這樣，我不確定自己是否有能力抵擋邪惡能量的威脅？每次到負能量比較多的地方，我就覺得不自在，可是又很喜歡學習靈性的東西。」我說：「你很勇敢，明明不安，卻仍然拗不過強烈好奇心的驅使，來到我的教室想要一窺究竟，你其實是個很有力量的靈魂喔！好的靈性體質會有足夠的力量保護自己，不受周圍負面與低頻能量的影響，甚至還有能力把負面低頻轉化成正向高頻。天使靈氣可以協助你培養出強壯的靈性體質，靈通敏銳卻不脆弱。我們今天就來療癒你的敏感體質，順便了解一下，為何會有敏感體質的原因好嗎？」她爽快愉悅的點頭說好。

★ 第二部分：進入療程

　　我詢問天使：「為何她有敏感體質？」天使告訴我，敏感體質是內在的恐懼反應於外在的現象，是害怕被負能量入侵產生的自我保護機制。她害怕負面能量，怕鬼，對靈性世界又愛又懼。在天使的引導下我進入她的前世與過往經歷，知道她曾經

因為溺水而亡,也曾經看見水流屍恐怖的模樣而受到驚嚇,因而對死亡、對靈體、對死後的世界產生恐懼。大天使拉斐爾將天使靈氣緩緩注入她的理性體去清除信念系統中對靈性世界的恐懼;大天使夏彌爾把大量的愛與安全感注入她的心輪;大天使麥可切斷她與負面能量的連結……濃稠混濁的能量不斷地從她的身體裡釋放出來被天使的光所吸收,她身體裡的光越來越多,能量越來越輕盈乾淨……。

後來地藏王菩薩出現了,我納悶為何不是她的指導靈觀世音上師呢?地藏王菩薩說:「她曾經是我座下的領魂童子,負責照料跟隨在地藏王菩薩身邊修行的靈魂。」此時畫面出現女孩像是地藏王菩薩道場的管理員,正在交代排著隊的靈體們一些在道場修行必須遵守的規則……我詢問地藏王菩薩,既然是領魂童子,又為何會怕鬼呢?地藏王菩薩回答我說:「人世間原本就是一個幻相的世界,人們會忘記自己原本真實的樣貌,忘記自己是有力量的靈魂,在人間迷失一段時間,一直到有足夠的智慧揭穿幻相,才會恢復記憶,認出有力量的自己。」地藏王菩薩用法杖碰觸女孩的第三眼,注入一個卍字符號,要她記住來到人間轉世的初衷,莫要逃避。似乎也在喚醒她曾是領魂童子的身分,不必對靈體有所懼怕。

★ 第三部分:分享與回饋

療癒完成後,女孩告訴我她進入一個很深層的睡眠中,全身溫暖放鬆,身體變得很輕盈輕鬆,這種深深被保護著的安全

感，真的是好極了！聽完我的療癒過程後，她非常驚訝自己竟然與地藏王菩薩有如此的淵源，也承認自己的確有過溺水的經驗。她突然疑惑的問我：「我為什麼好好的領魂童子我不做，要來這裡當人呢？」我俏皮的回應她說：「或許你覺得一天到晚跟鬼混在一起實在是太無趣了，想換換口味，所以就到人間來歷練了。結果現在又覺得當人不好玩，想回去重操舊業了。」說完，我們兩個有默契的心領神會，同時哈哈大笑！

邀請指導靈加入療癒

指導靈是誰？

指導靈（守護神）是協助人們在每次轉世完成生命功課的指導老師和教練，每個人都至少有一位主要指導靈，指導靈的存在是為了在人生之旅啟發我們的智慧，療癒我們、陪伴我們。

主要指導靈

主要指導靈協助我們在生命功課裡開悟、陪伴我們體驗人類生活、在非必要的危險與磨難中出手相救，為我們虛弱的身體療癒。我們在投身前與主要指導靈簽下靈魂契約，祂們一輩子陪伴在我們身邊，除非我們已經完成生命功課，否則主要指導靈很少會更換。主要指導靈的工作是「指導人生課題」，並不是用來占卜、預知未來或是顯化願望的工具。

我們可以透過了解自己的指導靈而知曉此生的功課是什麼？舉例來說：觀世音菩薩的能量品質是慈悲，因此祂會指導我們在這一生中，學習對自己與他人的慈悲、寬恕與原諒；彌勒佛（梅翠亞）的能量品質是喜悅，如果你的指導靈是彌勒

佛，代表喜悅是你此生要學習獲得的品質⋯⋯當我們挑戰成功，習得或領悟了指定的生命課題，就能為自己的靈魂增添屬於那個品質的光。因此，**所謂生命課題，就是靈魂為了取得某種神聖品質設定的劇本與途徑。**

主要指導靈通常會是以下的對象：

【揚升大師】：曾經是人類，後來開悟證道成為光的大師。例如佛陀、觀音、耶穌、聖母瑪莉亞、揚升大師迪瓦爾‧庫爾⋯⋯多次在地球轉世的靈魂，如果你的生命藍圖計劃是要穿越人類的生命課題，曾經當過人的揚升大師會是最好的指導靈選擇。

【智慧高靈】：是來自高維度的靈性存有，當一個人的靈魂源頭是來自於較高次元的高靈，他來到地球的目的是為人類注入高維的智慧啟發，他的源頭智慧高靈會與他形成穩定的連結。

【光之星際存有】：如果你是來自外星的生命到地球體驗，例如天狼星人、大角星人、昴宿星人⋯⋯或者為地球帶來外星的資訊與科技，你的星際家人會成為你的指導靈，陪伴你適應地球的生活。

【大天使】：如果你是來自天使王國，你的身邊會有大天使的指導。來自天使王國的靈魂，大多是到地球工作，把無條件的愛帶給地球的生命。

【獨角獸】：如果你是來自獨角獸王國的生命，你的身邊會

有獨角獸的陪伴。

【揚升光龍】：龍族投身為人類，身邊的指導靈通常都是高維度的光之龍。

次要指導靈

次要指導靈的任務是療癒、守護和陪伴我們。隨著生命進程不同的階段，次要指導靈會在適當的時間點進入我們的生命中給予我們當時需要的支持，當任務完成，他們就會離開、回歸本位。

次要指導靈通常會是以下對象，他們在靈魂層面仍然與我們保持著聯繫，關心著我們的人類生活。當我們在思想、情感與靈性的成長需要協助時，他們會前來為我們服務：

(1) 往生的親友：我們曾經非常信任與依賴，然而已經往生的親友，會在我們需要有人陪伴度過難關時出現。

(2) 過去追隨的大師：如果過去曾經追隨的大師對此生的靈性成長仍有助益，這些大師仍然會在每次的轉世陪伴在我們的身邊，但不見得是主要指導靈。

(3) 現在的信仰對象：任何時候當我們召喚信仰的對象，他們都會立刻前來相助。

(4) 自己召喚的光之存有：五次元以上的光之存有非常樂意教導我們，任何人都可以召喚無條件之愛的大師，跟隨著他

們學習。

（5）過往的寵物： 當我們仍然對往生的寵物念念不忘，他們會陪伴在身邊一直到我們放下他們為止。寵物總是給予我們無條件的愛。

不論學習什麼樣的靈性工具，高我、指導靈一定會加入指導我們的學習，因為這是高我和指導靈的職責：協助我們的靈性成長，也是指導靈能直接與我們接觸的途徑之一，因此對指導靈有正確的認知是非常重要的。如果我們對指導靈抱著錯誤的認知，對靈性世界感到不信任或帶著恐懼、分裂的思想，即使連結到自己的指導靈，有可能會誤以為他們是要對我們不利的邪惡存有。我經常在天使靈氣療癒的過程裡看見個案的指導靈或守護天使臨在於他們的身邊，因此得以發現我們身邊真的有許許多多愛與光的神性存有深愛著我們、陪伴著我們。

例如：有位老伯伯來找我做療癒，他的身邊有很多神明陪伴：玉皇大帝、關聖帝君、瑤池金母……當我告訴他有這麼多神在守護他，他又驚又喜的說，他經常去拜拜的那間廟，供俸的就是這些神明。藉由這個經驗，我了解到虔誠的禮敬神佛，神佛的確會在旁護持。

上過身心靈課程的人也會吸引西方的指導靈加入：當我看見地心文明桃樂市長亞當馬站在個案的身邊時，我忍不住叫了出來，天啊！真的有亞當馬！經過求證，個案說她剛參加過「連結地心文明」的課程。與過去世有淵源的導師也會成為這世的

指導靈：一位佛教的師父來找我諮詢，他的指導靈竟然是耶穌。當我說出他的指導靈是耶穌時，他竟然流淚了，後來才明瞭原來在很久遠以前他追隨過耶穌。

有一次我不認識出現在個案身邊的指導靈是誰，當我要求祂多給我一些資訊以確認身分後，突然我的後背很燙，同時我看見有一個希臘神駕著火輪從天空的東邊跑到西邊，我才知道原來祂是太陽神阿波羅。我還看過玄奘大師站在個案的身邊微笑，一開始我以為祂是地藏王菩薩（因為祂們長得很像都很清秀），但菩薩一直笑著搖頭，突然我的腦海閃出「孫悟空」三個字，我才恍然大悟自己認錯人了，下巴差點掉下來，原來真的有唐三藏師父。

除了揚升大師，還有美人魚、綠巨人、樹精，甚至外星人都是我曾看過的指導靈，我因此瞭解靈性世界之多元與浩瀚無窮，的確不是人類有限的視野能夠一窺全貌的。在天使靈氣的療癒中，天使邀請指導靈加入療癒，除了加強我們與指導靈的連繫以外，還協助我們以更快速度在生命課題中開悟、離開因果業力的牽絆，讓靈魂得到自由！

天使靈氣療癒實例：穩定在第七次元

純淨的白光從天使王國照耀下來籠罩艾麗的全身，頂輪上面有個栓子，天使們把艾麗頂輪的栓子稍微鬆開了一點點，瞬間大量的純淨白光進入艾麗的頂輪清理她的理性體，清除掉她

對自己的不信任、對靈性世界的懷疑與無法全然的信任。

天使們說艾麗的頻率無法持續停留在第七次元是因為：

第一：她不相信自己能做到，她不相信自己能夠到達那麼高的境界。第二：她不確定靈性世界是百分之百安全的。有時候她相信靈性世界是美好的，但她也會害怕自己沒有連結到光明與愛，卻陷入了黑暗的陷阱。

天使們用純淨的白光、粉紫色的光，包裹艾麗的全身，清理淨化她的疑慮和不信任，用愛溫暖她、帶給她安全感，要讓她相信全然的投身靈性世界是安全的。艾麗的頂輪開出了一朵美麗的粉紫色蓮花，這個部分與她的開悟有關係，開悟的前提必須相信自己是具有高度靈性的神性生命，並非只是普通的人類而已。艾麗最大的挑戰是必須相信自己是神奇偉大的生命、是美妙的靈魂，只有她賦予自己這個權能與價值，她才能夠穩定牢固的錨定在第七次元。

天使王國的光照進了艾麗的心輪，在她的心輪又開出了更多美麗、神聖、清淨的蓮花，這些蓮花代表著慈悲、憐憫、同情心、照顧與撫慰的能量。天使說艾麗就像是觀世音菩薩一樣，有著悲天憫人的同情心，喜歡關懷照顧別人，她也渴望為別人付出她的心輪之愛，但有時候又害怕別人拒絕，缺乏自信，擔心自己做得不夠好。

天使們鼓勵艾麗需要經常汲取她內在的愛之泉來滋潤疼愛自己，補充對自己的愛與肯定，這樣就能夠增加自信。

天使說，並不需要有很多的愛與熱情才能服務眾生，即便

只有一點點愛與熱情也能夠照顧別人。內在有多少愛就奉獻多少愛，即便只能照顧到一個人，那也是活生生的一個人！單單只是救助一個人的生命，就已經非常有價值了，莫要輕忽這些小善，大愛是由無數的小善積累堆疊而成的。天使們在艾麗的海底輪注入大量的粉紅光，推動她更能夠落實地面、採取行動、付諸實際的行為，而不是停留在空想。現階段讓艾麗穩定持守在第七次元最好的方法就是開始服務，用她擅長的、喜歡的、願意給予的層面服務別人。當她持續不斷的服務別人，她內在無條件的愛就會泉湧流溢更多出來，這些愛就能夠讓她一直浸潤在第七次元的能量中，形成一個良善的循環，滋養了自己，同時也照顧到了別人。

在過去世，艾麗是追隨觀音菩薩學習慈悲聖法的弟子，今生觀世音菩薩是她的指導靈，菩薩來到她的面前，用粉紫色的光給予她鼓勵與祝福，揚升大師迪瓦爾‧庫爾也來到愛麗的身邊，用綠色光照進艾麗的心輪，幫助她把注意力從外面的世界移回來放在自己身上。迪瓦爾‧庫爾大師說，每個人都只能夠關照自己的起心動念，每一個人都只能夠專注於自身的眼、耳、鼻、舌、身、意，無法滿足、配合或順從外在其他人的想法。把注意力拉回來放在自己身上，只與自己做比較，只要今天的自己比昨天進步，明天的自己比今天進步一些就已足夠，專注在自己之內，與自己的內在合一，你就成為迪瓦爾‧庫爾，你就是觀音、你就是耶穌、你就是人間的天使。

第七次元在每一個人的內在，「佛在靈山莫遠求，靈山就在

你心頭」。當每一個人把注意力放在自己的內在，時時刻刻去觀照內在的愛有沒有增加？自己看待這個世界的眼光有沒有更為遼闊？更能包容？那個當下，我們就已經處在第七次元的頻率中了，就是如此簡單，一點都不困難不複雜。第七次元正歡迎著我們進入到內在充滿無條件的愛與包容的世界裡，從愛自己、包容自己做起，再向外擴展去愛別人、包容接納別人、允許別人成為他們自己，這就是天使在做的事。

現在我感受到艾麗的心輪發射出無限放大的光明，她的靈魂非常的喜悅、強烈的悸動，得到豁然開朗、突然頓悟的理解。她的三個脈輪，頂輪、心輪、海底輪，都閃耀著金色的光芒，願意更加相信自己，並且知道進入到內在的愛中就是進入第七次元，這就是天使王國以及揚升大師們給予艾麗的祝福。

最後觀世音菩薩用楊枝淨水澆灌艾麗的全身，幫她洗去身心靈的疲憊，淨化她的第三眼，幫助她看清人類世界以訛傳訛、不正確的思想信念所形成的幻相，使她能夠更清晰明確、更堅定有力量的做自己。紫色的光把艾麗整個人包圍起來，兩位可愛的天使在她的身邊吹著喇叭、哼唱著美妙的聖樂，恭喜並讚嘆這次療癒的圓滿完成。

| Chapter 3 |

天使靈氣3&4階
與靈魂家人合一、回歸神性單子

我們的世界是一個巨大的遊樂場，每個人都是生活的創造者，這個工作坊會打開一扇門將所有的受害者心態和被外在影響而受限的感覺徹底丟下，並且從古老的智慧中去接收調頻而進入到大師能量（Mastership）中。懷著這認知所產生的個人責任感及自我覺知去接受這一大師身分，你的靈魂已經引導你來到這裡，你能從中接受到能量工具，從而令你接受你的大師身分，要去接受這一實相然後開始你的顯化與創造。大師的路途很少會是一條容易的路途，然而它會充滿生機。

～凱文與克麗絲汀

成為天使靈氣大師：
放下恐懼與受害者意識

當學員完成了1&2階的學習，恢復了靈魂的神性力量，天使靈氣3&4階的課程將會協助學生離開受害者意識、離開被外在環境威脅與限制的恐懼，成為創造顯化的大師。這個階段，天使靈氣的療癒頻率，將會從靈魂層次躍升到單子體的層界，靈魂提升頻率回歸單子的狀態，首先必須與靈魂家人合一。取得單子力量的靈魂，就能夠在物質世界發揮更強大的創造顯化能力。

在這個學習創造顯化的過程中，或許三不五時你仍會有不安全感或無力感，你仍然會遭遇某些困難與問題。然而你知道比起以往，你可以更無所畏懼，因為你有天使靈氣隨時為你補充力量與智慧，而且天使一直都在。

天使靈氣清除受害者意識

恐懼與受害者意識是靈魂失去力量投射而出的低頻振動，也是阻礙靈魂實現願景、踏實行走在人間的兩股阻擋力量。因為恐懼與受害者意識，靈魂停留在原地徘徊，不敢向前創造心中的願景，浪費了青春與生命。因為恐懼與受害者意識，越來

越多的靈魂想要逃避不願面對現實，更嚴重者選擇輕生，浪費了靈魂寶貴的轉世機會。

消除恐懼最直接有效的方法，就是直接面對恐懼的威脅，看穿恐懼的幻相；離開受害者意識則是為自己的決定和行動的後果負起責任的膽量與習慣。這兩股力量背後深層的根源是缺乏自信，忘記了自己是神性的火花，繼承了造物主無窮無盡的創造力，恐懼與受害者意識表達了靈魂還沒有上戰場就直接投降的軟弱無力。

天使靈氣如何消除內心的恐懼？如何讓人們丟掉受害者意識呢？

天使靈氣是宇宙愛的力量，是靈魂的食物與養分，為靈魂補充神性的力量，喚醒靈魂的自覺與信心。當靈魂恢復力量就會充滿自信，恐懼自然退散。當靈魂有膽識就會一力承擔採取行動的後果，不再推諉給他人。無力軟弱的靈魂，就像是有破洞消了氣的輪胎，天使靈氣為這個輪胎修補破洞、為它加滿氣，讓輪胎再度完整堅實，繼續向前滾動，讓靈魂的輪胎輾壓所有崎嶇不平的道路，順利完成靈魂實踐生命藍圖之旅。

天使靈氣療癒實例：釋放恐懼和受害者意識

——李曼如/天使靈氣教師/擴大療癒法教師

在學習天使靈氣的過程中，藉由每日1~2次天使靈氣的滋養與灌溉，我與家人的關係已經大大改善。印象最深刻的是在

3 & 4階上課期間我就開始抗拒，以致於上課的前作用力和後作用力很大，經由這樣的歷程，才知道我的內在有這麼深的受害者意識，天使們幫助我看見與大兒子之間的關係，是我的受害者意識障礙了自己。

某次的療癒，我問天使，什麼時候才能和大兒子好好相處？天使溫柔的回答：「親愛的，妳的大兒子是來幫助妳學習無條件的愛，有一天妳學會了什麼是愛，你們之間就不再有問題。」原本以為不會有這麼一天，無條件的愛耶，想想都覺得很難做到。

但是天使幫助我瞭解：真正的愛是放手，不是限制；是自由，不是緊緊抓住。於是我試著對兒子放手，試著把人生的主導權還給他，不去做過多的干涉或擔心，我們之間的關係就愈來愈和諧，也真的如天使告訴我的：「親愛的，放下要你們之間關係變好的執著，這次的療癒之後，你們的關係可能變好，也可能不會，將來等他更成熟時，妳將收獲你們關係之間豐碩的果實！」

更大的轉變是在我完成教師階並且帶領第一次天使靈氣工作坊之後。當時我最大的疑惑是：為什麼我先生創業多年還不能穩定獲利？剛開始，我一直以為我在幫他療癒，常常我問天使，得到的回答只有：「時機未到！」那時真的過得不太快樂，人生最大痛苦就是求而不得的苦。在過去世療癒中我才看見，原來不管前世或今生，我都把我的不幸福不快樂怪罪在我先生的身上，忘記了原來幸福快樂從來都必須掌握在自己的手

上,這個領悟幫助我打開了另一層次的內在探索,經由每晚持續不間斷地療癒自己,大約經歷半年的時間,天使告訴我:「親愛的,外面沒有別人啊!」我才真正的醒悟過來。

從開始學習天使靈氣,我一直以為我在幫另一半療癒,實則是我的內在也有對金錢的匱乏與恐懼,天使讓我瞭解:「在我的世界裡,如果不是因為同樣有金錢的匱乏,否則我不會感受到這個問題。」我馬上想到:「難道是我的匱乏害了他,讓他一直無法成功?」天使回答:「親愛的,靈魂層面不是這樣運作的,是因為你們有共同的議題,才會聚在一起共同面對。」後來,我接受天使的建議:「先專注在自己身上,不管其它。」另一方面也開始療癒自己的情緒體,釋放累世的恐懼、擔心、焦慮等等,當時為了幫助自己走過痛苦與內在執著,每晚一定給自己天使靈氣,我把天使、揚升上師當成像是朋友們般傾訴自己的問題、困難與悲傷,有很多事我不一定會對家人、朋友說,天使與上師們不但能給予我支持、穩定的力量、智慧的話語,每每在療癒能量一下來,被天使、上師們愛到的感覺常常讓我感動到掉眼淚。現在回想起來,仍覺得這整個過程的自己有點辛苦,但值得慶幸的是我走過來了,當我釋放了內在的執著才發現人生其實是可以過得很快樂、很輕鬆的!現在的我真心覺得能學到天使靈氣是一件很有福氣的事,是我所做的最正確的決定。

轉念去除受害者意識

當有人對你不實的汙名化、毀謗或攻擊，該怎麼做才能圓滿與對方的關係，不再陷入新的業力循環呢？首先讓我們理解，這類人因為缺乏自我覺察，正在為自己創造新的業力，這是值得同情的。其次讓我們向內省思，可能有以下的原因導致了別人傷害我們的事件：

1. 我們內在心識向外投射的結果

我們的內在有受害者意識，所以創造了加害者的出現。療癒了受害者情結，這些加害者就會逐漸減少消失。

2. 吸引力法則

我們的內在也有攻擊別人的隱藏情緒，頻率共振吸引了別人對我們的攻擊。清理內在的負面情緒，這類事件就不會再發生。

3. 因果業力的平衡

在過往我們也曾傷害攻擊過別人，這類事件是作用力與反作用力、平衡因果的過程。

4. 協助我們更堅定地做自己

有可能我們一直沒有表達真實的自我，沒有發揮自己真正的實力，這些人是友善的靈魂，他們的出現是為了幫助我們看見自己有強大的力量。

5. 擴展我們內在無條件的愛

加害人的出現是為了擴展我們內在無條件的愛的格局,當我們願意付出更多的理解與包容,靈魂的光度因此更為燦爛耀眼輝煌!

6. 考驗我們的定力

外界的攻擊是考驗我們內在如如不動、晉階成為揚升大師最好的時機。

7. 別人表達的邪惡自私,目的是為了提醒我們時時保持光明與愛,切莫重蹈他人的覆轍、墮入黑暗的深淵。

生命的劇本都是靈魂與靈魂之間的約定,有人扮演白臉,有人扮黑臉,不論是白臉或黑臉都是為了推動我們的靈性成長、促進我們的開悟。我們可以感謝這些友善靈魂的賣力演出,讓自己變成更棒更優秀的人、發揮力量幫助更多人,是對他們的犧牲與奉獻最好的報答!

神的單子體：
靈魂的源頭

當靈魂恢復祂的神性力量之後，祂會開始積極創造與顯化，同時也開啟揚升與回歸源頭的探索之旅，因為這是靈魂與生俱來的本能。靈魂是如何來到地球的？靈魂的源頭又是誰？英國的天使夫人黛安娜・庫柏（Diana Cooper）老師在她的《新世紀揚升之光》一書中有很詳盡的解說：

「造物主創造出12個宇宙，繼而自祂本身的能量發送出無數的火光，為了經驗祂的存在，每一個火光皆帶有一個特殊的使命。這些原始的火光稱為神的單子體（Monad），他們擁有不可思議的光明與燦爛，美妙的愛的振動。當神的單子體完成了使命時，他們將會回歸至整體神性中，很像孩子們返回家庭去分享智慧與經驗，並為他們的家族增添豐富與價值。

然而這些單子體為了實現他們的使命，有必要相繼去經驗與成長，故他們個別又放送出12個靈魂，這些就是我們的靈魂或較高自我（簡稱高我）。繼而靈魂決定去擴展與經驗，每一個靈魂又送出12個延伸體，使振動頻率降低，讓他們可以去經驗稠密的物質實相。你就是這些靈魂延伸體的其中之一。

例如你靈魂的某一個面向可能存在於土星上，另一個位於

金星，幾個在昴宿星團上。你整體能量中的某部分，可能回到靈魂中休息，或停留在轉世輪迴之間，但你們全體能在超心靈層次上連結。

有些靈魂甚至決定進入宇宙的自由意志區去經驗稠密的物質世界，那意味著將遺忘了他們的本源。許多延伸體來到這裡，並在稠密厚重的物質實相中越陷越深。有些則投胎轉世上千次想要憑自己的能力，脫離黑暗困境。

某些靈魂與單子體，正發送出他們許多不同的性格本質到這裡，故現在可能有你的靈魂或單子體的其他面向，同時存在地球上。

你擁有11個親密連結的兄弟姐妹散步在銀河系的某些地方，同時連同你總共有144個靈魂的延伸，出自於同一個單子體。」

從上文得知，造物主為了瞭解自己、體驗自己的存在，於是從自身放射出12道火光形成了12個宇宙；每個宇宙又降低頻率從自身分流出12股能量，稱之為單子；每個單子繼續以「複製」、「降頻」與「分裂」的方式創造了12個靈魂；每個靈魂極有可能以同樣的做法分裂出12個靈魂延伸體，亦即所謂的平行時空的另一個自己。換言之，靈魂的直接源頭稱之為「神的單子體」，從單子體分出的12個靈魂是為彼此的「靈魂群體」或「靈魂家人」。

造物主 Creator (I am)

降頻

12個宇宙

分裂

12個單子

複製

12個靈魂　（互為靈魂家人）

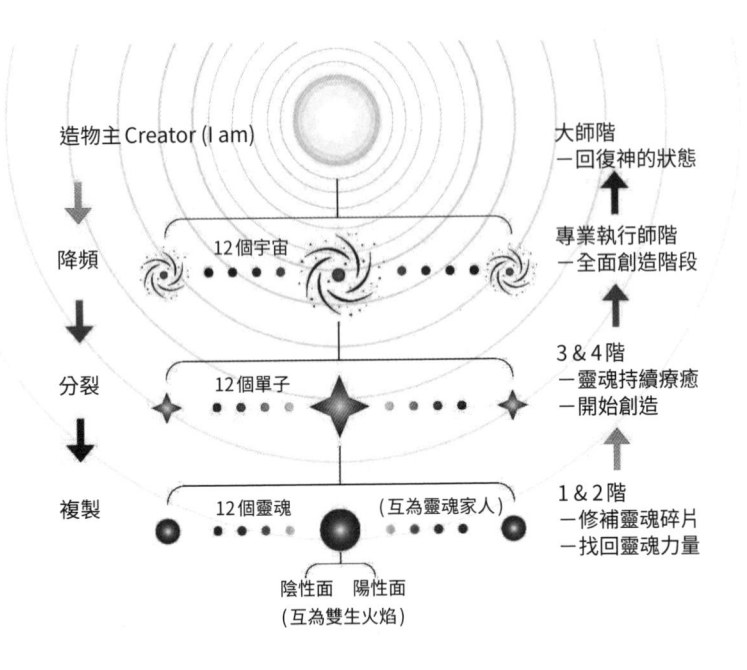

陰性面　陽性面
（互為雙生火焰）

大師階
—回復神的狀態

專業執行師階
—全面創造階段

3 & 4 階
—靈魂持續療癒
—開始創造

1 & 2 階
—修補靈魂碎片
—找回靈魂力量

圖6　生命來到三維度的示意圖

神性臨在的療癒：
與靈魂家人合一

與靈魂家人的聚合，可以擴展你們的宇宙意識和空間概念，離開三維世界的二元性與受害者意識，開闊第三眼的眼界視野，擴大心輪的包容度，從三維度的地球人類躍升成為宇宙生命，這是天使靈氣神性臨在療癒為你們帶來的祝福。

～大天使麥達昶

學員在天使靈氣1&2階的能量滋潤下，復原了靈魂的神性力量與本質，讓靈魂迷途知返憶起自己真實的身分以及創造顯化的本能，重啟回歸神聖源頭的道路。學員晉級天使靈氣3&4階後，天使將會帶領學員從靈魂的層面揚升到神性單子的狀態。回歸神性單子必須與神性單子其他11個面向亦即11個靈魂家人合一。（11是象徵性的參考數字，真正的靈魂家人的數目是無法量化的。）

與靈魂家人聚合，除了可以回歸完整的單子狀態，還能加深與靈魂家人的連結，在靈魂層面與超意識的狀態互通有無、互相扶持。而天使靈氣的療癒力將因此提升到單子的層級，更接近神性的振動。

神性單子的12個面向：
靈魂家人

12代表神聖與完美的數字

生命經過12次的升級跳躍就會成熟圓滿，但12不是最後結束、停止的結果，是代表階段性的成熟與圓滿。12代表生命歷經12種不同的蛻變、開發出更多的潛能與可能性。12代表生命成熟後完美的聚合，12是聚集、慶祝、喜樂的振動頻率。

12是生命短暫的休息與放鬆，是生命回溯過往曾走過軌跡的休息點，藉此自我反省檢視，用以修正接下來的節奏與路線。12是放鬆休息、轉換速度與步調的喘息時間。因此人們經歷12個月之後會在年終檢討過往、展望未來。

這並非代表神性單子只有12個面向，或者靈魂家人只有12個人。靈魂是能量，靈魂是一團結合多種元素的能量聚合體，祂無法被個別量化，因為祂隨時都有可能從自身分裂出已經成熟的組織，讓他們各自發展，也可以說一個靈魂裡面住著成千上萬無法計算的小靈魂。

靈魂家人是合一意識

如果以每個生命都來自生命源頭而論，那麼生命與生命之間都是靈魂家人，不論你來自於哪個宇宙、什麼星球。

靈魂就像是太陽發散出來的每個光粒子，每個光粒子被創造出來的目的就是為世界帶來光、愛與溫暖。每個光粒子來自同一個本源，都具備著光與愛的本質，都充滿了服務的熱情。當每個光粒子脫離本源，進入各自的生命之旅成為了獨立的個體與存在，表面上看起來彼此似乎沒有任何關聯，但光與愛的本質會形成一股隱形的靈力仍然聯繫著彼此，也從未與本源斷連。每個光粒子遊歷世界是為了壯大自己的光與創造愛的力量，成為另一個太陽。因此，**所謂的揚升，並非回到創造自己的本源，而是成為另一個同樣具有照亮世界、為全世界創造光明與愛、孕育生命的新源頭。**

靈魂家人代表著來自同一個本源，具有無限的光、愛和創造力的品質、獨自走在揚升道路上，具有相同使命的能量體。靈魂家人散布在全宇宙所有的時空，會因為因緣而聚合，會因為具有相同振動頻率聚集在一起，當目的達到後就又會各自分開。靈魂家人平時各忙各的、互不干涉，但可以透過意念連結、互通有無、交流溝通，分享各自的經驗與收穫。若是某些靈魂家人間的連結較強，也會在夜晚人格面掌控性較為鬆動的期間，互相支援、彼此照應。

有時候，我們可能會認為自己經歷過無數次的轉世，扮演

過某些角色,因為我們對某位過去的歷史人物覺得熟悉;也有時候,在某個瞬間眼前突然出現陌生的時空畫面,或者在夢中體驗了星際的旅遊……這些現象都有可能是靈魂家人帶給我們的經驗,因為在靈魂層面,經驗的交流與分享是靈魂家人間特有的溝通方式。

過往我帶領天使靈氣的經驗中,曾親眼見過的靈魂家人種類大致如下,學員對靈魂家人的印象和感覺也因人而異,記得有一位學員她的靈魂家人以修女的形象出現,當我告知她時,她感動得落淚了,她說:「老師,我相信你看到的,因為我從小就對修女特別有好感,年輕時也曾想過要當修女。」另外一位學生他的靈魂家人是以龍的形象來到。學生卻反應他不喜歡龍,他覺得龍外表醜陋、很霸道不講理。雖然我看見的靈魂家人有具體的形象,其實靈魂家人的本質也是能量或光,我們最好以其表達的品質來看待,無需在意他們的外表與形象。

在神性臨在的療癒中,天使會邀請較高維度、振動頻率較高的靈魂家人前來相助,因為每次的天使靈氣療癒都是量身訂作的,隨著接收者的能量狀況不同,每次前來協助的靈魂團體也會有所不同。當我們自身的頻率還無法跟上靈魂家人的頻率時,通常會比較不容易接納他們,甚至是不喜歡。

靈魂家人的種類:

1. 目前尚在人世的親朋好友。
2. 已經往生的親人故友。

3. 指導靈、揚升大師。
4. 天使、星際存有。
5. 獨角獸、龍族、美人魚。
6. 精靈、花草樹木、動物、水晶礦石。

靈魂伴侶與雙生火焰

靈魂伴侶

「靈魂伴侶是一個跟你發出相同頻率的人。這意味著你一生中也許會遇到幾個靈魂伴侶，由於你會與他們的某些振波共鳴，所以你通常會立刻被他們吸引。他們都提供了自己同意要教導的功課，因此，你們也許會互相吸引在一起。這些關係往往非常有趣，但也充滿了挑戰，因為他們需要的功課，會立刻浮上表面讓他們解決。有時候，兩個或多個靈魂伴侶會同時出現在你的生命裡，為你的成長和愛提供獨特的挑戰和機會！

由於前世化身的靈魂伴侶，現在回來了結殘餘的業，因此，當這些問題成功地引導到正確的方向以後，這一份關係就會提供完美的相互支持，並為對方提供在靈性之路上前進的完全自由。

當我們在揚升的道路上發展出愛、悲憫、了解、耐心、溫暖和忠誠的特質，並把榮譽、領導力、力量和團結帶進所有的關係裡時，就會發出明亮的光能。」

～黛安娜‧庫柏

靈魂伴侶也是靈魂家人的一種，靈魂相約來到地球體驗人

類生活，互相扶持照顧，激勵靈魂的成長。靈魂伴侶會在靈魂脆弱的時候給予支撐的力量，讓靈魂順利獲得經由生命劇本歷練得到的領悟與能力。當靈魂需要愛，靈魂伴侶會給予愛。若是靈魂不思進取、停止成長，靈魂伴侶也會扮演督促者的角色給予敲打。靈魂伴侶就是約定好一起在地球歷練的同修道友。

靈魂伴侶的存在是生命劇本設定的角色，初次來到地球的靈魂，有可能會設定靈魂伴侶彼此互相加油打氣。隨著靈魂的轉世經驗越豐富，就會越來越不需要靈魂伴侶的陪伴，但也有可能同時設定數個靈魂伴侶做為更嚴格的考驗與挑戰。靈魂伴侶的設定十分有彈性，可以在轉世前生命藍圖之內預先設定，高我與指導靈也會在任何時候根據靈魂的表現增加或減少靈魂伴侶的出現。

雙生火焰

人類的思維傾向於成雙成對，有一就有二。會以雙數的形式來定義人類世界的遊戲原則。靈魂隨時隨地都可能從自身分裂出已經成熟的組織讓他們成為獨立的個體，走自己的路，雙生火焰是靈魂的能量火花之一。雙生火焰是數也數不清的靈魂火焰的一部分，並非所有的靈魂火焰都喜歡與其他的靈魂火焰成雙成對。靈性世界充滿了無限的可能性，如果雙生火焰能夠讓人們對靈性世界更有安全感、更有所依靠，雙生火焰就有存在的價值。若是以雙生火焰做為揚升的條件，那麼雙生火焰就

是一個幻相。

～大天使麥達昶

雙生火焰是無條件之愛的考驗

在我從事天使個案諮詢的那些年，靈性圈瀰漫著「追尋雙生火焰」的熱潮，似乎唯有雙生火焰才是最完美的靈魂伴侶，與雙生火焰合一才能雙雙揚升。那時「曼莉」經常來找我諮詢，她想知道她的雙生火焰何時才能覺醒開悟，浪子回頭，與她一起修行揚升。

曼莉的雙生火焰「保羅」是一位很有才華的藝術家，為了讓保羅發揮所長、發光發熱，她經常贊助金錢給保羅。令人頭痛的是，保羅是位很有異性緣的藝術家，身邊圍繞著許多紅粉知己，保羅也直言不諱的表達，他愛每一位紅粉知己，他還特別強調，當他與某位紅粉知己在一起的時候，當下他的身心靈完全只屬於她。

曼莉贊助的金錢越來越多，多到她已經快無法負荷，保羅卻越來越怠惰懶散，無心於創作。但是雙生火焰的宿命綁架著曼莉的心，她不能放下他，她必須帶著保羅揚升。

每次曼莉來找我諮詢時，天使都鼓勵曼莉要尊重自己的感受，不要委屈自己，每個靈魂都是獨立的個體，沒有雙生火焰仍然可以走自己的揚升之路。但曼莉仍是執著於：何時保羅才會記起雙生火焰的身分，只跟她在一起。

十餘年過去，以我今日的靈性智慧來看待雙生火焰，這來自同一個靈魂的陽性面與陰性面本就是天與地、火與水的對立差異，兩者想要合一只有一個辦法：就是給彼此無條件的愛，讓他做自己。原來雙生火焰的靈性意義是無條件之愛的考驗！

　　如果我們的靈魂層面真的存在著雙生火焰，並不需要與他碰面會合，更簡單的一起揚升的方式是先照顧好自己，專注自身的成長與修持，當我們揚升，在靈性層面與我們緊密不可分的雙生火焰也會因而提升。

宇宙天使光線療癒：
回歸源頭的光之階梯

這是出現在3&4階的冥想，然而它的本質就是一個強大的點化調頻作用，引導靈魂重新校準源頭的能量和揚升的軌道，同時記起自己是一個在浩瀚宇宙和不同維度來去自如的星際旅者。

在冥想中教師帶著學生們接收地球的十二種天使光的調頻，一路調升頻率進入行星的光線、宇宙的光線，最後回到造物主的清淨光裡，就像踩著光的階梯一步步回歸源頭的無限光中，非常殊勝壯觀，讓我念念不忘。這個點化印象最深刻的，除了身體有強烈的電流體感以外，就是最後回到造物主的清淨之光中，我震撼於造物主的廣袤無垠與無條件之愛，我是如此深深被觸動而感動落淚：

我進入了浩瀚無窮的宇宙中，廣大遼闊無邊無際的虛空，凝定安詳，只剩單純存在的感覺。

我成為了造物主。我以造物主的視野欣賞我創造的所有一切。有美的、有醜的，有簡單的、有複雜的，我沉浸並享受著創造的喜悅與滿足。他們都是我的創造，我允許他們有不同的樣貌，寵溺的看著他們長得挺拔筆直或東倒西歪，這讓我覺得

愉悅，我能創造任何一切，我就是喜歡創造各式各樣與眾不同的樣貌。我深愛著我創造的一切，也因此更愛著不斷創造的自己。

感受體冥想：
提升對能量與空間的感知力

感受體（Perceptual Body）

感受體包括人的六種感官能力：眼、耳、鼻、舌、身、意（直覺），是用來接收外在環境的能量繼而反應於內在的靈性系統，感受體具有接收、偵測和反應能量的三種作用。

人們經由感受體去感知外在環境的能量、體驗物質世界的豐富與多元，將這些經驗記錄於潛意識中，經由神經系統做出立即的身體反應。精練感受體，可以讓我們感知到三維以外的世界和空間，擴展內在的視野。我們經常可以在武俠片的劇情中看見一幕：閉眼在樹下凝神靜坐的大師，卻能輕而易舉的接住想要暗算他的飛鏢，大師是如何做到的？

感受體與第三眼密切相關。五次元的第三眼是純然臨在的狀態，沒有批判、沒有分別、沒有抗拒，無限敞開包容接納萬事萬物的進入，與之共存。第三眼降低頻率進入第四次元後，分裂成兩個脈輪：眉心輪與太陽神經叢，形成靈性之眼與物質之眼。太陽神經叢就是較低頻率的第三眼，如此能夠讓人們經由物質之眼去體驗色、身、香、味、觸的不同感覺。

感受體與第三眼相當容易受到情緒的影響而產生扭曲，例如恐懼、焦慮、憤怒、悲傷……這些負面能量干擾了太陽神經叢直覺力的判斷，進而誤導了第三眼的視覺與畫面，讓人們產生錯誤的幻相。當一個人的潛意識（第三眼）與表意識（太陽神經叢）越純淨單純，感受體的負擔越少，直覺力與洞察力就會越高，能夠延伸進入的頻率帶和領域就越多。敏銳的感受體，能精細地覺察周圍能量的細微變動、風吹草動，還能事先預知即將發生的危險，讓人們事先做好準備，防患於未然，這就是靜坐中的大師厲害之處。

感受體冥想是在天使的帶領下，啟動感受體的運作去感知不同的空間與領域，由此學生們會進入創造的宇宙層次去看見自己的神聖性與被創造初始的真實樣貌。

在天使靈氣的洗滌下，人們的感受體將能夠更輕盈自在的進入各式各樣不同的領域與空間，去探索更多的靈性世界、發掘更多的宇宙真相，知曉自己是神聖創造的本質：宇宙光球。

| Chapter 4 |

天使靈氣專業執行師階

成為創造的宇宙

天使靈氣是幫助你們快速恢復天使本質的催化劑,當你們成為天使靈氣的管道次數越多,積極熱情的將天使靈氣引導到人類、動物、土地、自然界;當你們接收到的天使靈氣越多,揮別因果業力的輪迴、斷除莫須有的恐懼與煩惱、重獲自由的機會就越大。當你們逐漸丟棄人間的包袱與鎖鍊,邁入一個更不受侷限、更擴展、更自由的領域,你們能創造顯化的奇蹟也將越來越多!

～大天使麥達昶

進入專業執行師階後，我們打開更高階的智慧，領悟到天使靈氣的療癒是喚醒我們每個人內在的神性力量，實際上沒有人需要被療癒，當我們內在的意識認知到自己是完美、健康、有力量的，外在的世界也會呼應、顯現這個想法。

　　大天使麥達昶說：人類世界所有問題的根源都來自於「與神性的分離」&「愛的匱乏」，這些都是幻相。天使靈氣的療癒意圖，是把人類帶回天使王國的完美神性意識中，讓人們想起自己是充滿愛、具有強大力量的神性火花，完美的療癒因此自動發生。

　　天使靈氣的靈性學習與療癒方法，最終目的是引領自己回歸愛自己的道路，修補靈魂碎片，找回靈魂的力量。因為只有當靈魂恢復神性力量，才能發揮靈魂與生俱來的神奇魔法去創造奇蹟、實現我們嚮往的人類生活。

疾病的
靈性真相

　　如果你的疾病把你折磨得不成人形,那是因為你也把自己的身體折磨得不成人形。憂慮恐懼就像是強酸強鹼一天一天腐蝕了身體,讓身體逐漸喪失生命力。這世間沒有真正的意外,所有意外事件的發生都是為了引導自身的注意力回到身體、照顧身體的意願與需求。如果今生你是容易生病的體質、身體有殘缺或某方面的缺陷,極有可能是過去世你未曾認真看待身體的重要,所以今生以此設定來圓滿身體的需要。

　　愛自己是建構健康有活力的身體最重要的態度。愛自己當然會把注意力放在自己的身上,時時刻刻觀照自己的念頭想法、身體的感覺、心情的起伏變化,這種專注在自己的注意力,會讓身體接收到你對它付出的重視與關心。身體日日夜夜接收到你關愛它的訊息,自然就不會怠慢,會更加勤奮熱情的運作來回報你對他的注意與關照。

　　除了健康的飲食、充足的氧氣、乾淨的水、適當的運動,隔絕外在環境負面能量的干擾與衝擊,更是處在日新月異變動大環境裡,刻不容緩更加需要維持的當務之急。很多人的身體不健康、情緒變動極端、時運不濟,甚至吸引負面靈體靠近的原因,都來自於整個人類負面集體潛意識的影響。當你們經常

接觸負面的人事物，接收媒體負面攻擊訊息的洗腦，彷彿每天都吸入有毒的氣體逐漸傷害你們的身體。阻斷負面訊息能量腐蝕你們的身心靈，最好的方式就是隔絕負面的訊息與能量，走進大自然呼吸新鮮的空氣。

～大天使拉斐爾

（註：大天使拉斐爾是散發著療癒綠光的天使界的華陀，祂療癒我們的身心靈，協助我們開啟第三眼的智慧。）

疾病發生的靈性原因

若是從靈性層面探討，疾病的發生通常有下列的原因：

1. 與源頭分離的幻覺，以為自己失去神性，變得普通脆弱。
2. 靈魂失去自癒的能力。
3. 平衡因果業力。
4. 人類集體信念的洗腦：人很容易生病。
5. 疾病是結束轉世的一種機制（但並非惟一的手段）。
6. 經由疾病學習愛自己。
7. 將生命路線導回正軌的手段。
8. 地球揚升過程的好轉反應。
9. 靈魂經由克服病魔展現生命力。
10. 身體自動排毒與自救的方式。

疾病的靈性意義

揚升大師迪瓦爾・庫爾通過愛麗絲・貝莉（Alice Bailey）所寫的《祕傳之療癒》（Esoteric Healing）一書中提到：「所有疾病都是抑制靈魂生命的結果。因此療癒者的藝術在於釋放靈魂，讓靈魂得到自由。」「疾病是淨化與釋放，是轉變過程的一部分。疾病是一個應該被接納的過程，而非一個應被解決的問題。」

天使靈氣之所以能夠發揮療癒效果，是協助靈魂恢復力量產生神性的自癒能力。「神性的自癒能力」指的是看見自己是一個完美的神性存在，並沒有與神性國度斷連，自己是完美的生命，不存在疾病或任何缺憾。當內在的完美神性被揭開，療癒會自動發生，疾病會逐漸消失，混亂會回歸秩序，由此可知疾病的本質是愛，是帶領我們回歸神性的途徑。

意識球體的療癒：
回復完美的神性光球

靈魂光球

經過天使靈氣1&2和3&4階的學習，至此我們已經瞭解，靈魂存在於宇宙的型態就是發光的球體（光團、光球），這個型態和天使光球是一致的，也呼應了所有的靈魂最初都是以天使模型所創造出來的理論。如1&2階所述，靈魂是不斷移動的螺旋光體（能量球體、光球），是時空的旅者，前往祂想要學習和需要祂服務的地方，因此來到了地球。

根據天使的說明，靈魂來到地球的目的有三：

1. 發揮所長，經由為其他生命服務磨亮已經具備的品質和能力，增加靈魂的光度。
2. 經由地球生活的歷練，取得更多神聖美好的品質，不同的品質代表不同的顏色，藉以增加靈魂的色彩，讓靈魂成為彩色光球。
3. 滿足靈魂發現與探索的興趣。這可以幫助靈魂激發內在的潛能，更認識自己，並且增加靈魂接納萬事萬物的包容力。

靈魂特徵

每個靈魂也都具有以下的特徵,這些特徵成為靈魂在地球的興趣和喜好,或成為服務他人的工作項目:

1. **流動**:靈魂愛好自由,喜歡旅行探索冒險,流動特質鮮明的靈魂特別喜歡移動,無法一直固定待在一處,祂們會特別喜歡從事旅遊、物流、駕駛員……任何可以到處移動、滿足好奇心與冒險探索的工作。
2. **振動**:具有這類特質的靈魂,喜歡能夠發出聲響的事情,不斷的振動可以調升靈魂的頻率、整頓靈魂內在的秩序,增強靈魂的創造力。祂們會喜歡唱歌、彈奏樂器、建築、演講、運動和跳舞之類的興趣和工作。
3. **發光**:具有發光特質的靈魂喜歡展現自己的美麗,成為矚目的焦點;或者啟發他人的智慧,成為引導他人的光。例如:宗教人物、老師、領導人、演藝人員。

靈魂色彩

靈魂色彩並非指氣場散發出來的光的顏色,而是靈魂內涵的「組成元素」和「神聖品質」代表的顏色。經由靈魂色彩的分析,可以得知靈魂已經具備的能力與品質,祂的專長與強項、興趣與喜好。例如:大天使麥可的靈魂色彩包括了金色、

橘色、藍色、紫色與白色，從這些色彩中推斷出大天使麥可是有智慧、專注、熱情、勇敢，能轉化負能量的純潔天使。由此可知，當我們召喚大天使麥可的服務，祂會給予我們解決問題的智慧，專注於目標，保持實現願望的熱情，勇敢面對挑戰，轉化困難，擁有簡單純真的心。

靈魂是時空的旅者，到處遊歷採集美好的經驗，從各式各樣不同層次、有好有壞的經驗中獲得高振頻的品質。不同的品質可以用不同的顏色代表，當品質達到最高境界成為最精純極致的振動頻率就會發光。例如：散發著金色光的彌勒佛代表彌勒佛的靈魂是極致的喜悅振動。大家所熟知的紫色火焰掌管者聖哲曼大師，是精粹的靈性轉化振動。

靈魂是擁有各式各樣不同神聖品質、多種色彩、高頻振動的能量光體。靈魂是永恆移動流動的生命能量，穿梭在不同頻率振動帶的宇宙，汲取各個宇宙的能量精粹，壯大擴展自己的能量體，成為穩定發光的存在。

意識球體的療癒

意識球體的療癒宗旨，是在天使靈氣的協助下讓生命回到造物的原型：神性光球，幫助靈魂回到宇宙層級的高頻振動與神性的完美圓滿。在療癒過程中，執行師與接收者都回到神性光球的狀態與天使光球合一，在天使靈氣的助力下，三顆光球融為一體、互通有無，為彼此補充靈魂色彩，開發靈魂的各種

潛能，讓靈魂變得多才多藝，同時也將療癒的能量層級提升到宇宙的層次。

當我們希望能夠開發更多的靈魂天賦與潛能，為自己補充神性的完美基因，幫助自己創造出更多的物質顯化，這個療癒可以達到目的，滿足我們的需求。

天使靈氣修補乙太體：
療癒敏感體質

靈魂的身體

　　靈魂擁有無數的身體。靈魂擁有多少身體，端看靈魂的能量跨越多少向度、分布在多少個不同的頻率帶？

　　如果你的靈魂源頭存在於第七次元，你是從第七次元的單子能量分流來到地球的，那麼你的靈魂身體就會散布在3~7個頻率區域，你的靈魂會有第三維度、第四維度、第五維度、第六維度、第七維度的身體。例如：肉體是靈魂在三維度的身體，乙太體是靈魂在四維度的身體。五維度以上的靈魂身體都是光的形態，「光」有自我療癒的能力，並且專注在不斷地擴展自己的光度與光量。

　　靈魂需要修補和療癒的是位於三維和四維的身體，這兩處的靈魂能量由於受到「地球劇本」與「因果業力」的衝擊而破碎不完整，失去了自我療癒的神力，因此需要向外借助更高頻光能的救助，天使靈氣就是其中最適合為靈魂補充力量的光能。

靈魂在四維度的身體：乙太網絡

乙太體、情緒體、理性體、星光體通稱乙太網絡。這些四維度的身體是光的能量網絡形態，以銀帶（The Silver Cord）連結著身體，充滿或包圍著身體。當轉世結束時，銀帶會斷開放下肉體，成為四維的靈魂身體，繼續在四維度修持、走在揚升的道路上。

乙太體（Etheric body）

乙太體是最接近身體的第一層能量網絡，位置大約是在距離肉體1~5公分的地方。乙太體是三度空間與五度空間之間的橋樑，它吸收生命源（梵文：Prana）傳遞至身體各部分，幫助物質身體及星光體互相傳送能量與意識。乙太體是一種充滿了肉體，並延伸到身體以外的電磁網，我們可以經由療癒乙太體而在身體層面產生物理的療效，例如：土著人能經由編織乙太體而接骨。肉體層面發生疾病時，也會在乙太體層面形成損傷。開刀動手術、環境污染、手機、藥物、酒精和咖啡，都會對乙太體造成某方面的傷害。我們可以讓一個人站在白色牆壁的前面，略帶失焦的凝視注意到身體外圍約3到5公分的能量流動而觀察到乙太體。

情緒體（Emotional Body）

包圍著身體的第二層是情緒體，位置大約是在距離肉體3~8公分的地方。情緒體是情緒與情感表達的網路通道，情緒體的健康狀態反應出我們的情緒與心情。當人們順暢地抒發情緒，表達無私有愛、樂觀愉悅的情感，心胸自由開闊……情緒體會處在較高的振動頻率，因而閃耀出清晰美麗的光。若是人們壓抑限制情緒的流動，經常讓自己處於負面的情緒慣性中，會造成情緒體的能量堵塞，此時情緒體會呈現黯淡無光的狀態，不健康的情緒體是形成疾病最主要的原因。

理性體（Mental Body）

包圍著身體的第三層是理性體（又稱心智體），位置大約是在距離肉體8~20公分的地方。主要呈現的是我們的思想信念、分析思考、邏輯推理、判斷分辨的頭部能量流動狀況。當思想光明有愛、正向開朗、樂於接收新知……此時理性體處於高頻振動，會發出燦爛的光芒。若是經常有著悲觀負面的想法、固執極端不知變通，則會形成理性體的能量堵塞與低頻的振動頻率，此時理性體會呈現混濁無光的狀態。思想造就了一個人的人生，一個人想的是什麼，他就將會是什麼，健康有活力的理性體將會協助人們創造更美好的生活、心想事成。

星光體（Astral Body）

　　星光體也可以稱為靈性體或靈魂體，是本源能量進入第三次元與肉體結合的一部分，當人們睡覺之時，星光體能夠離開肉體進行時空之旅。星光體是身體的複製品，攜帶著累生累世靈魂的記憶與經驗，負載著尚未付諸行動的生命藍圖。高我與指導靈在星光體的層面與我們連結溝通。星光體也像是宇宙永恆的記憶體，儲存著靈魂在不同時空歷練收集到的資訊，與其他靈魂交換資訊的同時自動進入宇宙的中央資訊庫，實則每個靈魂就是散落各個宇宙的小小資訊收發器。

　　當星光體（靈魂體）因為生命劇本的衝擊、環境的污染、不良習慣形成的癮症與人類負面集體意識的影響而頻率下降、破碎變形，失去了神性的力量被困在第三維度不斷輪迴。就像是資訊收發器沒電或故障了，短暫失去與源頭連接的能力。天使靈氣能淨化、治癒和修補星光體造成的損傷（修補靈魂碎片）。

　　這四個身體形成乙太網絡，包圍或充滿著我們的身體，也通稱為氣場。雖然一般人的肉眼無法看見或觸及乙太網絡，由於乙太體是連接身體與其他身體的橋樑，我們只需在乙太體層面給予天使靈氣即能同時照顧到整個乙太網絡。

乙太體對健康的重要性

1. 是身體無形的能量防護罩
乙太體出現破損就容易被周圍環境的負能量入侵，導致出現各種身心的不適與病症。身體的健康狀況，包括器官、肌肉與骨骼的問題，都可以從觀察乙太體得知。

2. 是三維度連接五維度的能量通路
乙太體經由脈輪連結著身體，讓更高維度的神聖能量經由乙太體進入身體與地球。

3. 可以預先偵知疾病的發生
若是在乙太體出現能量堵塞的晶體，有可能6個月後就會在身體形成實際的疾病，人們可以經由疏通乙太體使之順暢運作，預防疾病的發生。

影響乙太體健康的因素：
1. **疾病**：身體的健康與乙太體息息相關，當身體產生疾病，也會阻礙乙太體的能量流動。
2. **手術開刀**：會影響乙太體的完整性，形成乙太體的變形與破洞。
3. **運動傷害**：乙太體的扭曲變形。
4. **長期姿勢不良**：乙太體的扭曲變形。

5. **不當的飲食習慣**：乙太體的能量堵塞。
6. **3C產品的電磁干擾**：乙太體的降低頻率與變形。
7. **熬夜、睡眠不足**：乙太體的能量堵塞。
8. **藥物、酒精、咖啡、過度加工的食品**：乙太體的能量堵塞。

照顧乙太體的方法：
1. 曬太陽是修補與強化乙太體的最簡單方法。
2. 深呼吸、吸收芬多精或生命源普拉納（Prana）。
3. 靈氣或光的療法。
4. 保持正向思考與好心情。
5. 做瑜珈、體能鍛鍊。
6. 減少處於負面能量的環境。
7. 充足的睡眠。
8. 消除癮症：煙癮、酒癮、糖癮、咖啡癮、毒癮……。

天使靈氣修補乙太體：
傳送天使靈氣給乙太體可以達到以下的效果：
1. 修補乙太體，恢復乙太體的完整性，形成鞏固的身體防護罩。
2. 清除乙太體的病體結晶，維護身體的健康。
3. 提高乙太體的振動頻率，吸引美好人事物的靠近。
4. 疏通乙太體的能量堵塞，形成開闊明亮的氣場。

天使靈氣療癒敏感體質：要敏銳但不敏感

身體的感應力讓我們很容易感知周圍環境的訊息和能量，但如果因此感到不舒服、不適應，容易被環境的負面能量所影響，就叫敏感。敏感代表對環境的防禦力比較差，表示乙太體比較脆弱或者有破洞，讓外來的低頻能量有機可趁入侵到身體，引起身體與心理上的不舒服。

完整強壯的乙太體就像是堅固的防護罩，把四周的負面能量阻擋在外；發光的乙太體還能夠轉化空間的負面能量，提升空間的頻率。天使靈氣可以填補氣場的漏洞，修補乙太體，讓乙太體變成閃閃發光的防護罩，發揮敏銳的超感應力，卻不脆弱敏感。最方便有效療癒敏感體質和增強氣場自我防護力的方法有很多種：例如：曬太陽、普拉納呼吸法、意念觀想和接收天使靈氣。

陽光和天使靈氣都可以為我們的乙太體和氣場補光，形成強而有力保護身體的光的防護罩。越是體質敏感的人，越是需要走出戶外、融入人群、曬太陽、落實地面，才能早日實現靈魂藍圖的夢想與目標。

天使靈氣的個案療癒：
療癒的是因不是果

　　沒有人可以治癒別人，沒有任何方法是最有效的療癒，如果一個人不曉得自己是能夠被治癒的。只有當自己相信可以得到療癒、值得被療癒、願意被療癒，治癒才能得以發生。

　　天使靈氣的個案療程通常會持續大約1小時。

　　療程的第一部分是與接收者閒談，使他們感覺舒適，瞭解個案為何前來療癒的原因。第二部分是親自動手傳送靈氣給個案。天使靈氣執行師會把雙手放在接收者的身體給予能量。若是接收者不喜被人碰觸身體，執行師也可以懸空雙手在接收者的乙太體層面給予天使靈氣。第三部分是彼此分享療癒的過程與感覺，提供個案下一步可以採取的行動與建議，做出進一步的預約。天使靈氣的能量會在療程之後持續21~28天整合，產生效果。

　　天使靈氣執行師在療癒過程是傳遞天使能量的管道，帶著祝福的心與無條件的愛輸送天使靈氣進入接收者的身心靈，開啟接收者內在的神性智慧，給予接收者無條件的愛，為接收者的靈魂補充能量，賦予權能，讓個案了解自己是生活的創造者，絕對有能力解決問題、調整生活中不和諧的情況。天使靈氣執行師是傳送天使靈氣的門戶與橋樑，最重要的工作是專注

於連接天使王國，讓能量保持暢通流動，並且將個案視為多維度的存有、是完美的神性存在，療癒的結果都在天使王國的掌握之中，無需掛礙。

最佳的療癒效果

當個案願意接受療癒，相信療癒是有效果的，並且全身心放鬆敞開讓能量進入，全然的信任天使與天使靈氣執行師；當執行師放下干預和控制，不對療癒結果有執著，全然信任天使，融入天使靈氣的頻率中與天使合一，就會產生最佳的療癒效果。

天使靈氣處理的是因而不是果，有時起因未必是出現問題的地方，執行師不需要因為個案並沒有感受到能量或明顯的療癒效果，而覺得氣餒。療癒的能量是天使帶來的，執行師所做的任何回饋或訊息的傳遞是由天使王國所引導的，並非執行師的人格面或小我的意見。執行師的角色是協助個案看見盲點與卡點，發現解決問題的方法，採取行動去自我調整和改變，而不是讓個案產生依賴，誤以為執行師能夠代替他們解決自身的問題。**賦予權能，是促使個案認識到他們的問題或疾病背後有一個原因，這是他們所做的某件事、某個選擇後產生的反應。**天使靈氣的療癒兩週一次通常已足夠，天使靈氣執行師從不提供診斷，也不會告訴個案停止醫生的用藥。天使給予的訊息通常傾向於心靈與精神層次的解析與深度看見，實則大多數的疾

病,皆由於負面低頻的思想與情緒而引起,從根本原因給予建議和處理。

大天使麥達昶說:天使靈氣代表無條件的愛,任何已經準備好奉獻無條件的愛的人,都可以成為天使靈氣的執行師。因為在天使靈氣的國度裡執行師只是單純的「管道」,真正的療癒師是天使。天使靈氣執行師唯一需要做的只有**「心中懷著無條件的愛,成為潔淨通透的管道,讓天使靈氣經由我們的身體傳遞給接收者即可」**,執行師在傳送天使靈氣的過程中如果有看到、接收到、聽到任何畫面與訊息,不表示療癒效果就特別好;什麼都沒發生、沒看見、沒聽見,天使靈氣仍然有效的運作。

天使靈氣的本質與精神是傳遞愛,不是用來炫耀與比較神通的工具。具有神奇的靈通力,也不代表就具有高度的靈性智慧。在傳送靈氣的過程中,心中擁有最多愛的人,他的愛將更能融入天使靈氣的頻率中為療效助攻加分。

天使靈氣個案療癒實例:療癒無價值感形成的疾病

——天使靈氣教師郭芳均

在個案的內心深處存在著一種很深的卑微感覺,一直覺得自己沒有被了解、被好好的愛,感覺無助是主要的原因。一開始療癒的過程中她的四周暗淡無光,同時圍繞著一股很深的悲傷。之後出現鑽石型的粉紅色的強光來療癒個案的心輪心臟的部分,讓心臟變得比較有力量,能量也逐漸地復甦。天使說:

「個案是一個善良的人,總是為別人設想的比較多,但不太會為自己著想,有時情緒起伏也會比較大,但其實是希望有人了解她。」

接著天使為個案做頭腦治療,修正個案的想法,並釋放她壓抑在心裡面的內疚感、罪惡感,我看到她一個人坐在椅子上哭泣,同時透過發出聲音發洩憤怒的情緒!在她的想法裡覺得只要子女過得好就好了,她自己並沒有那麼重要,所以就會容易忽略自身的感受,生命力就容易萎縮。療癒過程中天使的能量形成一股巨大的光束,集中在整個中脈、膀胱還有雙腳上面,靈氣符號也下來幫忙,同時療癒她的喉輪,讓她能夠更容易的表達內心的情緒感受,能量持續一段時間,個案周圍暗淡無光的狀況獲得改善,然後我就看到個案的臉呈現明亮喜悅的模樣。

最後天使的建議:鼓勵個案去做她打從心裡面真的喜歡做的事情,會為她帶來更多的喜悅希望,不需要再去煩心要做什麼才能周全什麼事情的念頭。

接收天使靈氣後有可能出現的反應

每個人接受天使靈氣的反應皆不相同,有的人會恨快地睡著,有的人會有能量流動感或刺麻感,也有人完全沒有感覺,但這些都是正常反應,因為天使們是不會失誤的,我們僅需要去信任且全然的接受,便能夠讓天使靈氣自然而然地幫助我們。

每次接受天使靈氣療癒作用會持續運作28天左右，在這段時間內需要多喝水排除身體與心靈的毒素，隨時自我覺察，如果腦海浮現出之前未曾注意或是很久以前的記憶，那也是釋放與療癒的過程。接收天使靈氣的能量後，身體有可能會出現某些現象，他們都是天使靈氣開始療癒的徵兆和原因：

　　(1) 嗜睡，昏昏沉沉的感覺：天使靈氣在溶解你舊有的觀點與信念，轉化負面低頻的思想。

　　(2) 身體有能量流動的酥麻感覺：天使靈氣在流動疏通身體、脈輪與經絡，做全方位的療癒。

　　(3) 身體部位有疼痛：疼痛點說明那裡有積壓的能量、堵塞和卡點，天使靈氣正在清理與疏通使能量順暢流動。

　　(4) 嘔吐、拉肚子：天使靈氣清理體內的毒素和垃圾，促進新陳代謝、減輕身體的負擔。

　　(5) 胃的部位酸脹、緊、痛：清理太陽神經叢和胃部，釋放壓抑、恐懼、緊張、暴力、戰鬥等情緒。

　　(6) 下腹部疼痛：清理臍輪的堵塞，對男女性別的批判、關係的卡點以及自我認同的無價值感。

　　(7) 海底輪有氣流動、振動的感覺：天使靈氣正在疏通性能量的阻礙以及無法落實地面、採取行動的能量停滯。

　　(8) 兩腿痠麻無力：天使靈氣正在清理對生存的無力感、對未來的恐懼以及對家庭的責任感與壓力。

　　(9) 左腦疼痛、麻脹：清理過度用腦思考、強調推理邏

輯，講究證據以辨認真假的二元性思維，釋放左腦的過於活躍與用力。

(10) **右腦疼痛、麻脹**：清理右腦的阻塞、增加右腦的敏銳度與直覺力，以協助與更高次元頻率的連結。

(11) **後腦勺疼痛**：開啟更多靈性感官，提升與靈性世界連結溝通的能力。

(12) **喉嚨痛、聲音沙啞**：清理無法表達內心真正意願的壓抑與委屈，疏通喉輪的堵塞。

(13) **全身發冷**：清理儲存在身體、理性體、情緒體與靈魂體的恐懼與低頻的能量。

(14) **全身發熱、冒汗**：活化身體的血液循環、補充能量、提高身體的頻率。

(15) **胸口與心臟發緊悶痛**：釋放心中壓抑的傷痛、憤怒等負面情緒、療癒心輪。

(16) **兩肩與背部疼痛**：清理承載過多不屬於自己的責任與壓力。

(17) **背中間區域的疼痛**：清理對自我的懷疑、不信任與缺乏安全感。

(18) **下背部疼痛**：釋放對於金錢匱乏的恐懼、對生存的擔心憂慮。

(19) **身體左半部分的酸、痛、麻、癢**：陰性能量的調整。

(20) **身體右半部份的酸、痛、麻、癢**：陽性能量的調

整。

(21) **莫名的悲傷與哭泣**：釋放內在深層的委屈與傷痛，或者靈魂接收到愛的滋養而感動落淚。

(22) **全身無力**：平時過度壓抑而身體緊繃僵硬，天使靈氣在放鬆身體、提高身體的敏銳度。

(23) **雙手有酸痛麻癢、能量流動的感覺**：左手是接受能量，右手是給出能量，讓接受與付出得到平衡。啟動雙手傳送能量的療癒力。

(24) **做惡夢**：把潛意識裡的負面低頻能量、平日的擔心憂慮、對靈性世界的恐懼清除釋放。

(25) **睡眠時間縮短**：天使靈氣補充精力，減少了睡眠的時間。

(26) **心情變得不好、比以往容易暴躁易怒**：天使靈氣會帶出壓抑在體內的情緒，讓舊有的情緒垃圾釋放。

(27) **看到各種畫面、影像、光、預知事件和夢境**：天使靈氣清理了身心靈的負面低頻能量，讓靈性感官變得更加敏銳，因此第三眼能夠看到的畫面就變多了。

天使靈氣的臨終照顧：
協助臨終之人好走

　　天使靈氣可以協助即將往生的人好走。

　　人不好走的原因是小我仍然執著身體、不願意讓靈魂離開。身體、情緒體、理性體想要繼續得到慾望的滿足，緊抓住靈魂體不放，導致靈魂無法順利離開身體。為了讓靈魂能不受小我的控制順利離開肉體，肉體只好崩壞，因此身體需要生病。越是執著放不下的人就越不好走，越是病魔纏身拖很久才能走掉的人，代表小我的拉扯力量越強。天使靈氣能鬆脫小我的執著，增強靈魂的力量，讓靈魂舒服順利的脫離肉體。

　　如果我們在活著的時候經常給自己天使靈氣，就可以不用經由生病的方式離開，而是在一種舒服輕鬆的狀況下靈肉分離。可能是坐著，睡著就回到光中了，這才是舒服正常的回家方法，很多道行高深的修行人都是這樣圓寂的。若是在天使靈氣的能量中往生，天使會在彼岸接引亡者，帶他們前往靈魂在第四次元的棲息地，讓往生的靈魂不至於在浩瀚無限的第四度空間迷失方向。

伊莉莎白的親身經驗：天使靈氣送走老爸

親愛的老爸，恭喜你完成人間學校的學習，順利畢業了！終於從身體的病痛中解脫，恢復自由，不用再受苦了！我已經把你接下來要走的路交託給大天使拉斐爾了，祂是個盡責、充滿服務熱情、信守諾言的天使，相信此刻的你必定在祂的陪伴下要前往綠光療癒村了吧？雖然我心中仍然捨不得你離開，但是大天使拉斐爾說祂的「綠光療癒村」裡有很多跟你一樣善良正直、慷慨友善的靈魂在那裡，你會有很多的同伴，不會孤單寂寞，愛聊天的你在那裡會非常的開心。之後你也可以選擇到觀音菩薩、地藏王菩薩或阿彌陀佛的道場去修行學習，日子可是比起在人間更加快活愜意呢，連我都忍不住要羨慕你了！

昨天下午在天使靈氣的能量中，你的呼吸由沉重逐漸趨於輕柔，你的臉越來越安詳放鬆，我的心卻因為正在失去你而劇痛，卻又很欣慰放心你是在我的手中、在天使的光中，被指引著安然離世，這是多麼矛盾的感覺啊？一個人的心怎麼可以又痛又開心啊？我知道你希望我陪你走這最後一段，你開心嗎？我好痛苦但也好開心啊！

親愛的老爸，我好愛你哦，謝謝你對我的養育之恩，謝謝你把我捧在手掌心疼愛。不用擔心我跟老媽，我會盡全力照顧她的，你在上面好好學習開心生活，三不五時可以來看看我們，或者找我聊天，我也會問問拉斐爾關心你的狀況，安心的去吧，等到我也畢業了你要來接我哦，我也想到綠光療癒村去瞧瞧，說不定可以去那裡當義工。

天使靈氣清理靈性幻相

　　靈性世界就是第三眼的世界。人們透過第三眼所看到的畫面去評判靈性世界，並且對於自己所看到的深信不疑，誤以為是真相。

　　我們內在的心意識就是潛意識，潛意識深深影響了第三眼的作用。若是潛意識裡充滿了對靈性世界的恐懼，經由第三眼所看見的靈性世界就會充滿了恐怖的元素。我們每個人的潛意識每天都在吸收環境與自己的思想和情緒所創造出來的負面想法和感受，負面思想和情緒反覆汙染我們的潛意識和第三眼，因此形成了人類的集體靈性幻相。

　　當我們接收天使靈氣的淨化與滋養，在思想和情緒層面撥亂反正，回到光明與愛的頻率，第三眼也將因此重見光明，看清靈性的真相。這是我教導天使靈氣10年來得到的領悟與收穫。我很慶幸因為自己學習了天使靈氣，幫助我看穿這些幻相，因此得以能夠為學生去除他們對靈性世界的恐懼。

天使靈氣清理對靈體的恐懼

　　有學生在傳送天使靈氣的過程中，看見個案被靈體干擾，當下他感覺到他和個案都被靈體包圍了。事後他來詢問我，為

何天使會讓靈體進入呢？是否天使的愛無法阻擋靈體的邪惡？

我回答他：天使靈氣代表無條件的愛，我們在傳送天使靈氣的期間，整個空間場域是在無條件之愛的頻率振動，天使用愛包覆所有的生命，沒有二元對立，所有低頻的能量都會在天使的光與愛中被提升轉化。你所看到的畫面是天使靈氣正在清理你和個案對靈性世界的恐懼所產生的幻相。他事後也回應我，的確沒錯，他和個案都非常怕鬼。

人類世界其實也包含四維度的世界，只是四維空間是需要開發的處女地，人類正在往這未知的區域探索，這也是一種意識與技術上的揚升。三維是物質世界，四維是靈性世界，兩者有如一體兩面，密不可分。四維又稱為靈性揚升的彩虹橋。換言之，三維的人類要調頻揚升成為光體，都必須進入四維空間的修煉。

靈性圈充斥著對四維空間的誤解與恐懼，華人世界把它稱之為陰間，一片陰風慘慘，充斥著會害人的妖魔鬼怪。其實四維空間只是有著比較快速的振動頻率、不是以肉體的形式存在的世界，它是體驗不同生命型態的國度，是靈魂暫時休憩喘息、補充能量的地方，也是來自不同宇宙的物種移民地球的前哨站。在四維空間裡，生命顯化的速度更快、更容易心想事成、能更直接碰觸到神聖的光之存有。死亡就像是靈魂脫掉物質的衣服，以更接近原形的型態從三維的世界移民到能量更輕盈的四維度區域。

天使靈氣療癒實例：生者、往者，都是光

——天使靈氣執行師 Emma Kao

昨晚給自己天使靈氣時，請天使為我清理恐懼。各種平時會出現的恐懼，突然在身體裡面分次湧起，而且更為清晰、更提綱挈領，我便安住在湧起的恐懼裡面，體驗到恐懼如何流經我的身體，我的身體結構如何反映，我就是稍微有點訝異地看著。

接著請天使為我清理對大體解剖的恐懼與陰影，突然感覺有東西離開了身體，身體變得輕鬆，當下有一個理解降臨：「那都已經過去了，我已經不在那個地方，他們也都已經離開了。」我享受著這個感覺，突然感覺到他們（大體）的光，非常的光潔燦爛美麗，另一個理解來臨：「這是他們的本質，是光是靈魂是燦爛，那些屍體什麼都不是。」「看著光就好，光是唯一的存在，只有光是真實的。」然後我的眼淚就流了出來。

天使靈氣支援地球的光化與揚升

地球揚升的光化現象

全球的所有生命包括人類和動物，都正在經歷地球揚升的過程。我們的星球在宇宙整體演化的牽引中，正以越來越快的速度奔向第五次元的振動頻率，這是所有宇宙自行新陳代謝的現象、不可抗力的事實，生活在地球的我們只能接納臣服，期待地球攜帶全體人類迎向更美好的未來。

揚升是接受來自更高維度、神聖之光的清理，藉以調升自身的頻率。地球本身的清理調頻會造成天災人禍的發生；人類和動物的清理調頻則是產生好轉反應的現象。

在過往，能夠進入地球的光很少，稱之為銀河暗夜時期，生命必須憑藉自身的毅力與奮鬥才能開悟揚升，最著名的例子就是佛陀的開悟。進入千禧年後，太陽系進入了寶瓶座紀元，彷彿打開了更多與更高世界的門戶與通道，大量的光流入並沖刷著地球，加持著地球，協助地球脫胎換骨、躍升進級到更先進的世界。

揚升是接收更高振動頻率的光的洗禮，當神聖的光進入人類的身心靈，會清除負面低頻的元素，將物質轉化成為光，身

心靈會感覺到不舒服與痛苦，甚至出現類似疾病的症狀，我們稱之為「揚升症狀」、「好轉反應」或「光化現象」，是我們的身體、物質世界逐漸轉換成光的過渡階段。

　　光化現象會在意識、細胞、分子、基因、內分泌系統、腦結構和神經系統產生轉變。光化現象除了發生在身體、意識和情緒層面，也會反應在我們的日常生活中，強迫我們比以往更快速的平衡因果業力，通過原本想逃避、不想面對的問題與挑戰。現今發生在人類世界的戰爭、天災、人禍、疫情、靈擾、查不出病因的疾病……都是地球揚升過程中的揚升症狀和好轉反應。隨著時間的經過，層出不窮的地球自我清理現象（天災、人禍、疫情）或許會在我們不設防的情況下措手不及的發生，此時，能有個值得信任、隨時隨地可以操作的靈性工具作為傍身之用是有其必要的。

　　天使靈氣在地球揚升的過程中，便是去支援全體人類優雅的經歷光化的轉變。當我們經常接收天使靈氣的照拂，就是訓練自己的身體適應大量高頻的光，除了加速光化的進展，還能舒緩降低光化現象的不適狀況。當我們照顧好自己，減少自己的負面能量，就是幫了地球母親一個大忙，減輕祂的負擔，我們就可以在地球母親的懷抱中更舒服順暢的進入第五次元。

天使靈氣的好轉反應

　　天使靈氣是來自第七次元的強大淨化與調頻的光能，而身體和人類生活是三次元的頻率振動，當大量的天使之光進入身

體、進入人們的生命中，會直接改變人們的DNA、細胞和分子，為靈魂體注入大量的光，整頓混亂的生命秩序，讓靈魂重回正確的軌道，因此也會發生光化現象（好轉反應）。「運作天使靈氣的期間」包括上課前、上課中、上課後，以及在「接收天使靈氣療癒之後」都有可能出現好轉反應。

天使靈氣的療癒就像大禹治水，是讓能量疏導發洩出來，而不是圍堵阻止，也就是讓情緒和病症發作出來，而不是壓制情緒和病灶的釋放。因此，好轉反應會以身體的疾病、情緒低落、運勢變差、意外的不幸與打擊……等形式出現，好轉反應的嚴重程度或持續的期間因人而異，取決於高我和靈魂是否想要快速轉變的決定。

學了天使靈氣之後有可能會立刻脫胎換骨、心想事成。然而冰凍三尺非一日之寒，人們的低頻習氣與因果業力無法在一夕之間就全部清理完畢，人們的身心靈也無法一下子承受過量的強光清理，因此大都需要經年累月週期性的反覆清理。慶幸的是，天使是溫柔的存有，祂們並不忍心讓我們承受太痛苦的清理效應，因此天使靈氣的好轉反應通常都非常溫和。

事出必有因，完美的療癒需要找出問題發生的根源才能對症下藥、斬草除根，而這個有所領悟的過程也需要足夠的時間讓能量聚集俱足。好轉現象大多在短暫期間清理完成就會自動消退不見，身體在好轉現象過後就不會堆積病因。雖然清理的過程極不舒服，但總比堆積了病因生了重病要來得好。

我自己在2015~2017年帶領天使靈氣期間，每次工作坊結

束就拚命抓癢，每每抓到痛不欲生，但因為我知道這是在清理情緒毒素，為了達到最好的清理效果，所以我都未曾看過醫生。兩年後的某一天，突然所有的皮膚癢都不見了，此後不再發生搔癢的情況，彷彿這件事從未發生過一樣。只要是清理都是不舒服的。只要是改變都是需要冒險的。但天使能量的灌注會讓我們更有信心更無所畏懼！如果想學習能夠從源頭斷除根本原因的療法，天使靈氣是上上之選！

光化現象發生的原因

1.是高頻的光進入身心靈清除負面低頻能量的現象，會增加身體的含光量，促進身體細胞的光化。

2.是身心靈由低頻躍升高頻振動的過程，是讓身心靈的光逐漸增加的階段。

3.以類似疾病的狀態出現，通常會維持一段時間，清理的時間長度因個人體質、能量需求而不同，是由靈魂與高我決定清理的深度。

4.當清理結束後，所有類似疾病的症狀、問題會自動消失。

5.每次的清理雖然會帶來某方面的不舒服或痛苦，但清理過後的身心靈狀態將更上一層樓、宛若脫胎換骨。

6.清理的好轉現象不僅僅只是發生在身體層面、思想的負面、情緒的劇烈起伏，也會在日常生活中以措手不及的問題出

現，要我們去面對處理。

7. 地球每天都在接收大量高頻強光的洗禮，不論是否有從事靈性學習，全世界所有的生命，包括人類、動物都正在經歷揚升的好轉現象，無人能夠逃避，因為地球正在不斷地提升頻率到更高維度。

8. 由於光化現象和疾病非常的類似，沒有從事靈性學習的人、不知道有揚升症狀的人，都會誤以為自己生病了，但又找不到原因，最後只好將這種情況歸諸於靈體的干擾。

9. 好轉現象不是一種疾病，是一種提醒，提醒自己要改變現況，過著高頻有光的生活。例如改變飲食習慣、不再熬夜、多運動、愛自己、遠離負面低頻的環境人事物等等。當我們不斷地自我調整改變，這些找不到病因、不舒服的症狀就會自動消失，這是度過好轉反應的最好方法。

10. 也可以經由學習「光的能量療法」來幫助自己更舒服順利的走過清理的過程，例如天使靈氣、獨角獸靈氣、光的課程……。

天使靈氣無所不療

天使靈氣到底可以療癒什麼？我的回答總是說：天使靈氣無所不療。天使靈氣是一種整體性的療癒，比較傾向於中醫的療癒精神，它不像西醫對症下藥，頭痛醫頭、腳痛醫腳。天使靈氣教導我們：人類所有的疾病和問題都來自於恐懼、愛的匱乏以及靈魂的沒有力量。人們不需要傷腦筋去處理眾多複雜的問題和症狀，只需要從源頭下手，也就是補充靈魂的力量即可，因為當靈魂恢復偉大的神性力量，所有的問題都不再是問題，而是生命歷練帶來的靈魂禮物。

整合10年來我與學生們運作天使靈氣得到的心得與效果，接收天使靈氣可以為我們帶來以下的幫助：

1. 保持情緒的平靜穩定，阻絕外界能量與集體潛意識的影響。

2. 斷除執著無明，解開情緒的拉扯糾結，離開因果業力的循環。

3. 打開靈通力與直覺力，支援和輔助其他靈性工具的學習與應用。

4. 為靈魂補充力量，降低小我的控制，從偏離航道回到靈魂藍圖的軌道。

5. 提升所在空間的頻率與能量、營造天使的風水空間。

6. 舒緩重症病人的身體病痛，減輕癌症病人化療產生的副作用。

7. 協助即將往生的人順利好走、回到光中。

8. 對孕婦、孩童和寵物的照顧。

9. 與天使、指導靈、靈魂家人的連結更緊密清晰。

10. 更能付出無條件的愛，不去批判他人。

11. 乙太體的修補、形成能量防護罩。

12. 遠離負面能量、靈擾與卡陰的困擾。

13. 快速解除疲勞，瞬間充電。

14. 免疫力增強，不容易感冒生病。

15. 生活中的幸福、快樂、喜悅、心想事成越來越多。

16. 提升自我價值、更愛自己、更有自信、更年輕、更有力量。

17. 覺得更自由、更有創造力、更有安全感、路更寬廣了。

18. 天使靈氣的療癒延伸到家族先人，一人得道，雞犬升天。

19. 引導我們從人性回到最初始的純淨神性，回歸源頭。

20. 提升意識層次，脫離二元對立，以更開闊的視野看待世界。

21. 天使靈氣是解救失眠的最佳工具！

22. 脫離家族業力，釋放不適用的誓言和契約，讓靈魂重獲自由。

23. 接引神聖的豐盛之流，改善經濟狀況，體驗到神的恩典與賜福。

24. 可以隨時隨地自我療癒、幫助他人、為動物療癒，實現為他人療癒的願望。

25. 成為人間天使，造福人群、對地球付出貢獻。

| Chapter 5 |

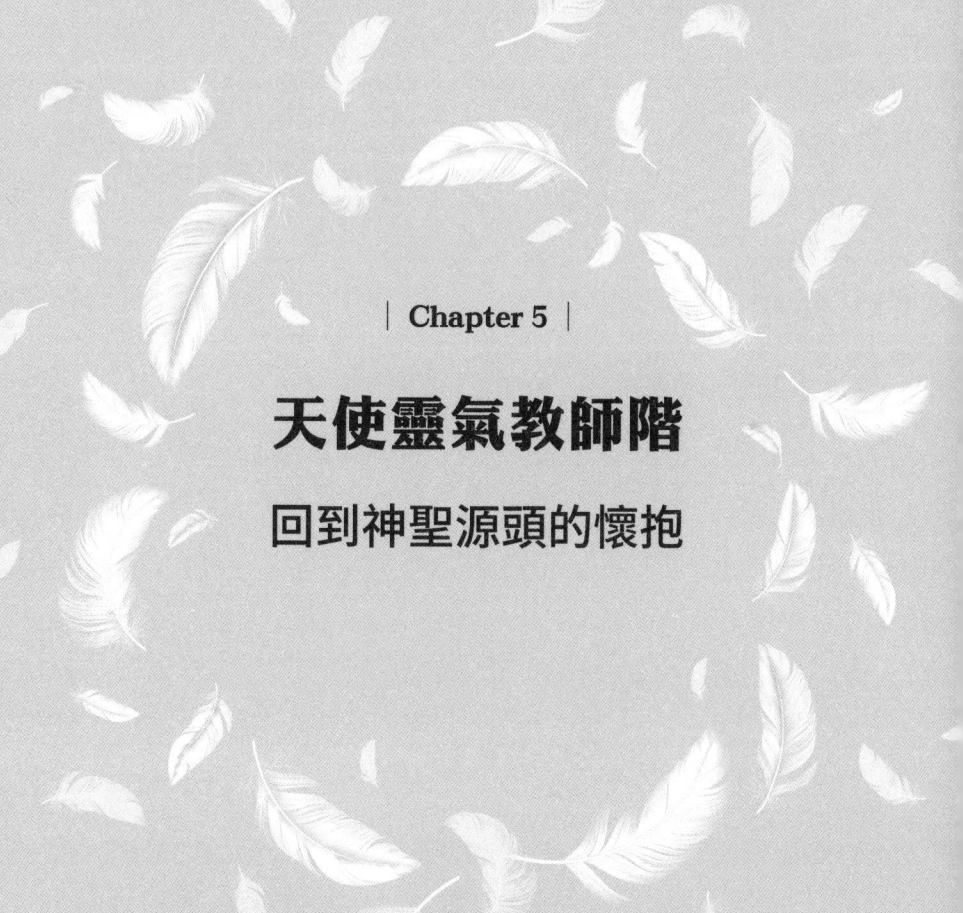

天使靈氣教師階

回到神聖源頭的懷抱

來自光之天使王國的訊息

當你們聚集在這裡參加教師階的工作坊時,你們都會被這稱作「光之天使王國」的集體意識所看到、觀察到及認識到。

你的靈魂、你的神性召喚將你帶到這裡,因為此時,你已經愉快地接受了你的職責,致力於將我們的光與愛錨定下來的服務中。你們今日聚集於此不是一件小事,就在此刻你們的臨在與集體意圖碰觸到了整個的人類意識。

隨著你將接下幾天的能量整合起來,你將會真正的得以轉化。你的意識與光體將會不斷放射出我們的愛之振動。請不要覺得,你所遇到的人間困境與挑戰將會再令你所散發的天使王國之光遭受阻礙或妥協。遵循你自己身的引導,不論它會將你引向什麼道路。毫無恐懼的去走向你心靈所嚮往之處。要記住,你永遠無法與我們分開。你是我們的光之使者,你在物理領域所持之光令我們肅然起敬。

～克莉絲汀・柯瑞的傳訊

在我帶領天使靈氣10年的經驗中,我深刻的體悟到,成為天使靈氣教師是讓自己成長躍進最快的方法。在每次的天使靈氣工作坊中,教師的座位區域是整個空間裡能量最明顯強烈的地方,因為教師是工作坊的能量輸入管道,掌控著空間的頻率

與能量品質，因此教師是整個團體中最優先被清理、需要被清理得最徹底的人，我相信所有帶過工作坊的天使靈氣教師，都一定會認同我的說法。

每一場的天使靈氣工作坊都激發出我內在源源不絕的無條件之愛，讓我深受感動並有所領悟：來到課堂的學生，不論在我的眼中他們是什麼樣的面貌？不論我是否喜歡他們？他們都是我的一面鏡子，也是我的某個面相，因為我們是一個整體。每位前來參加工作坊的學生也必定是最適合的學生，因為他們的靈魂知曉，能夠從天使靈氣和我這裡得到啟發與助力。每位學生都是約定好來成就我的無條件之愛、讓我不斷放下執念的善知識與靈魂。

大天使麥可曾對我說：「你的愛有多少，你能吸引到的學生就有多少。」因此我只需要把注意力放在擴展自身的愛，讓前來上課的學生滿愛而歸即可。

卡巴拉生命之樹

天使靈氣的療癒理念與架構,是來自卡巴拉生命之樹的教導。然而,我們並不需要大費周章的花時間和精神去理解或研究猶太教複雜繁冗的神祕學,也能輕鬆自若的學習天使靈氣、把天使靈氣的療癒發揮得淋漓盡致,天使靈氣對於我這種頭腦簡單、十分直覺的人來說,真的是一大福音!

生命之樹(Tree of Life)是猶太教的神祕符號,屬猶太教哲學傳統卡巴拉,是卡巴拉思想的核心。生命之樹用來描述通往神的路徑、神創造宇宙的藍圖,是人類回歸神聖源頭的地圖索引,基本結構可分為3支柱、10個球體、4個世界和22條路徑,每個球體都有守護的大天使。

在猶太神祕教派卡巴拉中,10位大天使各代表一個球體或質點(Sephiroth),即神的面向之一。麥達昶在這個傳承中是位居首要的大天使。據說每個靈魂都有屬於自己的生命之樹,因此,卡巴拉10位大天使的神之面向都隱藏在每個靈魂的深處,透過生命劇本的淬煉,等待著我們的喚醒與啟發。

在猶太教的神祕學中卡巴拉生命之樹中,造物主被稱之為「Ain, Ain Soph, Ain Soph Aur.」。Ain是「無」的意思(Nothing),Ain Soph是「無限」的意思(Limitless),Ain Soph Aur則是指「無限光」的意思(Limitless Light)。生命之樹描述

出造物主從無到有創造世界的方式與生命回歸源頭的路徑，從生命之樹的圖形中顯示出，在天使王國之上存在著人類還無法理解與探看的世界，亦即所有生命的源頭。

卡巴拉生命之樹
10位大天使的點化

卡巴拉生命之樹就像是神（造物主）的身體向外無限延伸而出的脈絡索引，是造物主擴張自身的能量形成無限浩瀚穹蒼的美麗畫作。這美麗的卡巴拉生命之樹也存在於每個人類與靈魂之內，聯繫著生命源頭並顯示著回歸源頭的路徑。

生命之樹其實有12個球體，但其中有2個球體尚未被人類的智慧窺見，因此生命之樹只標示出10個球體。10個球體是神之光普照人間的出口，也是進入神之身體的入口與能量門戶。10個球體也代表10位大天使的靈魂原型，亦即祂們的天使光球（光輪），人們可以經由跟隨10位大天使的指引，取得10位大天使的天使品質而回歸天使王國。在天使靈氣教師階的課程中，克莉絲汀老師創造了10位大天使的冥想，為我們開關了取得10位大天使品質的途徑，體驗成為10位大天使的感覺。10位大天使的殊勝之處簡述如下：

1. 大天使麥達昶（Archangel Metatron）

大天使麥達昶有著純粹的亮光（Pure Brilliance），在卡巴拉生命之樹掌管第一個球體王冠輪（Kether）。王冠輪就像是巨大的白水晶，專注吸收純淨的天國能量後再無限放大擴散出

去，麥達昶是把浩瀚無限的神之光整合收攝下來，繼之放射傳遞給全世界的天國祭司。

王冠輪是造物主合一的面向，寓意著萬物合一來自同一個本源，一切萬物與生命最後也將合而為一回歸本源。當我們接收大天使麥達昶神性電光的能量，可以超越一切對立與二元性，突破揚升的瓶頸與卡點，提升靈性的進展進入更高層界。

2. 大天使拉吉爾（Archangel Raziel）

大天使拉吉爾有著珠灰色的光（Pearescent Grey），在生命之樹掌管著智慧輪（Chokmah）。如果大天使麥達昶執掌的王冠輪揭示人類的源頭與本質是光，那麼大天使拉吉爾的智慧輪便是闡述著光的表達形式就是智慧。智慧是神的第二個面向，擁有智慧才知道如何創造。大天使拉吉爾掌握著創造的鑰匙，知曉所有宇宙和生命被創造出來的奧祕，自此，來自源頭的能量有了陽性與陰性、創造與被創造之分。

大天使拉吉爾擁有全知全覺之眼，就像是造物主的眼睛，能預先看見創造之後的景象、描繪出創造後的藍圖，這些藍圖形成了拉吉爾書（Sefer Raziel HaMalakh）被放在大天使拉吉爾的彩虹鑽石權杖裡。當人們接收大天使拉吉爾的能量，會激發向未知探索冒險、研究發明、學習創造的精神，並預先看見美麗的未來願景。

3. 大天使沙法爾（Archangel Tzaphkiel）

大天使沙法爾有著鵝絨黑般的光（Black），在生命之樹掌管著理解輪（Binah）。大天使沙法爾有著無限包容的溫暖特質，慈愛親切呵護宇宙所有的生命，因為在每個生命之內都蘊含著大天使沙法爾關懷照顧、理解包容的雅量。

大天使沙法爾是造物主給予所有受造之物無條件之愛的溫柔面向，是最高等的神聖陰性振動。如果大天使拉吉爾為我們開啟認真積極的陽性創造力，那麼沙法爾是讓我們在認真耕耘之後，接納我們得以放鬆休息的溫柔懷抱。大天使沙法爾的黑色光包裹著我們得到安全感、無限包容與體諒的能量，就像是黑夜降臨，讓激動活躍的能量消停下來，萬物安心沉睡，有如母親溫暖的胸膛。當人們接收大天使沙法爾的能量，能增添女性層面耐心細膩、善解人意的能量，更有包容性。

4. 大天使薩基爾（Archangel Zadkiel）

大天使薩基爾有藍色的光（Blue），在生命之樹掌管著慈悲輪（Chesed）。慈悲輪散發生命的喜悅與活力的光彩，是造物主的慈愛面向。在神的世界中，所有的生命都是一母同胞，都允許其他生命盡情地展現自己的活力與行動力，這就是慈悲。慈悲會帶來神的恩典。每個受造之物都是神性的火花，是神的化身，仁慈對待他人即是給予神禮遇與尊重，神會以寵愛回報慈悲之人。

慈悲會形成充沛的創造力與生命活力，因為生命只有在慈

悲的環境中才能自由喜悅的自我表達。慈悲輪就是大天使薩基爾自由喜悅、慷慨互助的本質，在無拘無束不受限的條件下，才能孕育出五花八門、包羅萬象的生命形態，慈悲是推動創造能量的必要條件。

接收大天使薩基爾的能量，能啟動內在深層偉大的慈悲覺知，憶起自己就是神的慈悲面相，擴大願意原諒他人的胸襟，因而獲得上天的恩寵福佑。

5. 大天使夏彌爾（Archangel Chamuel）

大天使夏彌爾是深紅色的光（Crimson），在生命之樹掌管著力量輪（Geburah）。力量輪是造物主整頓秩序的面相。宇宙間充斥著三股無形的原力：作用力、反作用力與中和的力量。或者說向外擴張之力、向內收縮之力以及平衡之力，出生之力、死亡之力與休停之力。大天使夏彌爾代表著使之平衡和諧、回復秩序的力量，讓過於激烈亢奮或萎縮不振的能量終結停止。

夏彌爾是秩序的維持著，目的是以最精省的能量得到最完美的建設。當能量在和平安詳、浪漫優雅的狀態中運作，過於繁冗的、已經不合時宜需要被淘汰的多餘枝節都會被刪減清除。當力量輪振動發出光芒，所有混亂的物質與能量會撥亂反正，恢復原先單純美好、自然簡單的運動狀態。

接收夏彌爾的能量，人們會更容易斷捨離、離開執著，突破自我設限的枷鎖，更有效率簡單的生活。

6. 大天使拉斐爾（Archangel Raphael）

大天使拉斐爾散發著充滿活力的黃色光（Yellow），掌管著生命之樹的和美輪（Tifareth）。和美輪是造物主和諧圓滿的面相。大天使拉斐爾呈現出使之完整、填補與圓滿的能量流動型態。祂所掌管的和美輪是生命之樹的核心，是唯一可以連通其他9個球體的能量匯聚中心與能量交換站。

和美輪也像是人體的心臟，不同的血管在此匯聚交流融合的同時也淨化過濾掉不和諧、變異的元素，讓陽性與陰性的能量、較高與較低層次的能量和諧一致，再次的合一整合，使之完美、平衡，並且在仍然維持著源頭純淨、光明與愛的振動中，讓能量繼續降頻往下延伸。

接收大天使拉斐爾的能量，能協助人們看清內在真實的樣貌，從支離破碎、不完整的生命中得到和諧與完美，於此過程中包容接納自身所有的一切，不論是優點或缺點，給予自己無條件的愛。

7. 大天使漢尼爾（Archangel Haniel）

大天使漢尼爾有著翠綠色的光（Emerald），在生命之樹掌管著凱旋輪（Netzach）。凱旋輪是造物主相信、信任自己的面向，是生命對自己真摯的愛與情感。當靈魂對自己充滿愛與信任就能夠所向無敵，在諸多不同的生命戰役中勝利凱旋。

凱旋輪也是人類自由意志的起點，鼓勵人們相信自己的選擇，對未來的結果抱持著勝利在望的信心與繼續堅持的毅力。

因為所有的阻礙與外界無關，皆緣起於內在的自我懷疑，因此需要經常給自己愛、為自己加油打氣。當人們接受大天使漢尼爾或凱旋輪的能量，可以調節與自己的情感關係，解除人格面和身體層面的矛盾與衝突，與自己和諧相處，信任自己的直覺與身體感受，懂得照顧愛護自己，從而提升了身體的敏感度。

8. 大天使邁克爾（Archangel Michael）

大天使邁克爾有著熾熱的橙色光（Orange），在生命之樹掌管著臣服輪（Hod）。臣服輪是造物主清晰意念與專注目標的面向。

大凡能成就豐功偉業者，都有清楚明確的目標，不會搖擺不定，也不會徬徨迷失，這需要對自己有足夠認識與瞭解的智力。臣服輪就是對自己、對人事物有清晰的認知與判斷的能力。因為只有對自己有相當的瞭解，確認目標後，才能引發持之以恆的專注力，就會自動斷開和掃除前進的障礙，創造成功的結果。

臣服也代表小我臣服於大我。有時候我們會被人類狹隘的思維和社會價值觀誤導，忘記了自己的真心，忽略了內心真正的渴望與夢想，屈服於小我的慾望，走上錯誤的道路。當小我臣服於大我之後，生命就能真正走上最高善之路，實踐靈魂的願景。接收大天使麥可的能量，能夠幫助我們脫離小我設置的囚牢，斷除恐懼的捆綁，直見誠實的內心，勇敢朝著真正想要的目標前進。

9. 大天使加百列（Archangel Gabriel）

大天使加百列是紫羅蘭色的光（Violet），在生命之樹掌管著奠基輪（Yesod）。奠基輪是神的靈性面向。經過8個球體運作後的源頭能量，在進入奠基輪後逐漸凝定成為有模糊輪廓的靈魂體、靈性體的形態。

奠基輪可以說是地球的第四度空間，是銜接靈性世界與物質世界的橋樑，是人類潛意識的心。在此階段，來自源頭的生命需要適應頻率的下降、能量逐漸稠密凝固的過程，是生命能量成為物質體的暖身階段，為進入大天使聖德芬的王國輪（物質世界）做好準備。

大天使加百列是傳遞福音的天使，具有水元素的品質，祂將神的恩典與旨意傳送給人類，就像奠基輪的神聖意義一樣，把來自天界的無形能量轉化為能被看見、能被思考，能被感受的願景、情感與夢想，祂是銜接較高世界與人類世界的橋樑，讓來自源頭的生命既能擁有人類的思想與情緒，仍能保有神性的力量。

接收大天使加百列的能量，能淨化靈魂往下深入地球的憂慮不安，讓永恆穩定的靈魂能適應不斷變動的世界。另一方面則是在潛意識層次喚醒已經進入地球生活的源頭生命，記起自己不僅僅是凡夫俗子，更是偉大的神性靈魂。

10. 大天使聖德芬（Archangel Sandalphon）

大天使聖德芬有著檸檬、橄欖、黃褐色、黑色的光

（Citrine, Olive, Russet, Black），在生命之樹掌管著顯現輪（Malkuth）。顯現輪是造物主的轉化與融合的面向。

生命源頭的能量進入顯現輪後就以物質體的型態存在著，這裡是人類每天經驗的物質世界，靈魂在這裡接受不同能量的刺激，目的是為了取得更多不同的神聖品質，開發自身的潛力與更多的可能性，讓靈魂本體的光更加璀璨明亮、繽紛多彩。

大天使聖德芬與地球母親蓋婭攜手合作，把來自源頭的生命轉換成肉眼能看得見的物質實體，協助生命扎根在地球，全然投入地球的物質體驗。顯現輪是地球和人類世界的王冠輪，於此階段，顯現輪就像是一個民族的大熔爐，把來自源頭的生命凝聚融合在一起形成更多元的物種型態，實現造物主多元化創造的心願，並且帶領著源頭生命繼續往下一個層界探索，期待觸發更多不同的可能性，開闢更廣大的天地。源頭的生命可以在此選擇揚升回歸源頭，或者繼續降低頻率往下探索更多元的世界，創造另一個生命之樹。

伊莉莎白認為，這10位大天使或10個球體的含義，除了代表造物主的多元面相以外，他們還是永恆存在於宇宙中的10個真理、自然之力和宇宙法則。不論人類的眼睛是否能看見，是否能體驗和感知，他們都真實不虛的存在著，正在潛移默化的影響著我們，讓我們在回歸源頭的道路上不致於迷失。

記得有一次天使靈氣教師階工作坊，我正在帶領學生進行點化，神奇的看見所有當時參與教師階課程的學生，他們的名

字全體一致往上飄，然後嵌入天使王國光之聖殿的牆上和柱子裡。當時最直接的感受便是這些教師的名字已刻印在天使王國裡永不磨滅了。那一幕讓我非常的震驚，原來進入教師階後，就會真正成為天使王國不可磨滅的一部分，也像是靈魂回歸天使本位的儀式。

　　天使靈氣的教師就像是活生生的天使，舉著光之天使王國授與的權杖，帶領著天使靈氣的團隊，把來自第七次元純淨的天使能量傳播給全世界，聖潔無私、神聖美麗。每次當我看著教師們身穿全身白的衣服，坐在教師階的教室裡，就會讓我分外感動，這不就是我們在天使王國的光之聖殿中的模樣嗎？

天使靈氣的精髓：
與天使合一

如果你喜歡天使，想了解天使的能量，希望生命中出現越來越多奇妙的恩典與驚喜；或者你希望與天使成為工作夥伴，一起為人類和地球服務，那麼天使靈氣就非常適合你。因為**當我們在傳送或接收天使靈氣的時候就是天使最靠近我們的時刻**，有任何問題都可以與天使溝通交流，請天使引導我們做出最適合當下情況的處置和建議。

不用擔心收不到天使的訊息，也不用害怕收到的不是來自天使的訊息，在我們傳送天使靈氣的過程中我們已經調頻與天使合一，我們就是天使，所以來自我們內在的答案就是天使的訊息。我們所要做的就是更相信自己，當我們信任自己就是天使，我們就與天使合一了；若是我們不信任自己就是把天使往外推開，與天使分離。

運作天使靈氣的最終目的就是與天使合一回到天使的狀態。天使沒有在外面，天使一直在我們之內與我們在一起，只是我們忘了或者沒有發現而已。學習天使靈氣的目的就是要喚醒我們內在的天使質地，恢復我們就是天使的記憶。

雖然天使靈氣執行師表象上看起來只是天使能量的管道，實則在傳送天使靈氣的全程都是與天使合一的狀態。療癒期

間，執行師融入了天使的頻率成為了天使，無需貢獻或消耗自身的靈力為個案診斷問題，或者為他施法處理負能量，執行師的內在知曉會自動油然而生，輕鬆簡單的洞悉個案當時的盲點與卡點，沒有消耗半點自身的能量，反而在療癒結束後更為精神煥發、生龍活虎。我有許多天使靈氣的學生學習天使靈氣的目的，都是因為天使靈氣可以補充他們為客戶服務消耗掉的能量，特別是塔羅占卜師、八字算命師、能量療癒師、筋絡推拿師……。

上主默基瑟德對天使靈氣教師的啟示：
揚升的時機

恭喜你成為我們的一員，我已經把權杖賦予給你，不論何時何地，光的天使王國都是你最強大的支持與靠山！感謝你願意成為靈氣光柱，願意承擔起更重大的責任，去開啟更多人內在的天使之光，並且把神的愛與恩寵散播到你走過的每寸土地！

請牢記你是神性的光，是獨一無二、不能取代的神聖存有，你的存在具有無比的價值與意義，這個世界需要你的愛，請看見自己的殊勝與偉大！

揚升並不是口號，也不是遙不可及的願景。揚升是時時刻刻頻繁發生在人類日常生活中有意識的行為與生活態度。揚升並不需要從事很偉大的工作或很神聖的行為才能得到。揚升總是在你們棄惡揚善、選擇光明、擁抱無私與愛、不盲從小我行徑的時候發生。揚升是在你們的一念之間，做出良善的選擇、採取行動的時刻發生。

人類、地球和宇宙每分每秒都正在進行揚升的行為。

說一句好話就是揚升。做正義的選擇就是揚升。採取協助他人的行動就是揚升。珍惜並愛護自己的身體是揚升。祝福這個世界和平合一也是揚升。原本想口出惡言，卻能立刻轉念停

止傷害別人，更是難能可貴的揚升。任何良善、光明、和平與愛的意念，都是一步一步帶領你們向上揚升的階梯。揚升就是從人類日常生活中的點點滴滴堆積而成的道路。你們每個人都正在揚升之中，只是速度快慢不同而已。揚升已經成為你們日常的呼吸與養成的習慣了。揚升就是如此簡單一點都不困難。

──傳訊管道：光之鑰伊莉莎白

| Chapter 6 |

天使靈氣
在日常生活的應用

為飲食和生活物品注入天使靈氣

　　學會如何傳送天使靈氣之後，我們可以隨時為身邊的物品注入天使靈氣，現場或遠距離傳送皆可。

　　我們可以傳送天使靈氣給食物、飲用水、保養品、水晶、花草樹木、蠟燭、靈擺、精油、各式各樣的靈性工具，提升這些物品或工具的頻率，使之發揮更好的效果。因為物品接收天使靈氣後，可以清理物品舊有的程式設定與低頻負面的頻率，使物品成為七次元的天使級振動，為該物品補充能量，提升它原本就具有的品質。

　　例如：為牛肉麵注入天使靈氣，可以清理儲存在牛肉裡的動物負面情緒，提高牛肉麵的新鮮度與營養成分，讓食用牛肉麵的人擁有好心情，並充分吸收了牛肉麵的營養與美味。為水晶注入天使靈氣，會清除水晶原先低頻的程式設計，提高水晶的振動頻率成為七次元的頻率，為水晶補充能量，讓水晶發揮最大的效用。如此人們可以免去高昂費用購買品質較優的水晶，即使價格低廉便宜的水晶，都可以經由天使靈氣提高它的品質和功效。注入天使靈氣的蠟燭會散發天使靈氣的頻率，為空間注入愛與祥和的能量，吸引更多天使的靠近。

天使靈氣幫助睡眠：
睡著睡著就療癒了

　　研究指出，台灣每5個人就有1個人失眠，恐懼和不安造成的精神壓力，讓因為失眠而求診的人數達到歷史顛峰。然而長期服用安眠藥對身體造成的損傷眾所皆知，有沒有其他更好的助眠方法呢？

　　除了運動、靜坐、調整作息、接近大自然、改變飲食習慣等方法，有沒有更簡單更快速的解決之道呢？失眠的問題已經被證實是所有疾病的來源之一，真的不能再忽視逃避了！

　　這些年根據數以千計學生與個案的回饋得知，接受天使靈氣的人，更容易進入深層放鬆的狀態而擁有良好的睡眠。天使靈氣在問題的核心與根本原因進行調整，協助大家擁有優良的睡眠品質。

　　天使靈氣執行師經由15~20分鐘左右的能量傳送，將來自第七次元的天使能量注入接收者的身心靈，在接收者的身體層面釋放壓力、在精神層面舒緩緊張、在心靈層面帶來安全感。同時執行師也會經由天使的指導，瞭解接收者為何失眠的根本原因，並給予改善的方法建議。

天使靈氣調頻腦波

經由接收天使靈氣，人們的腦波更容易進入 α 波、θ 波和 δ 波：

α 波（Alpha Waves）：頻率範圍為8~12赫茲，它可以減輕焦慮和憂鬱，讓人們的身心靈處於深度放鬆和協調和諧的狀態，使得心靈平靜下來，心智變得清明，迎合直覺，做出正確的選擇和決定。打坐、冥想、深呼吸是進入 α 波的普遍方式。

θ 波（Theta Waves）：頻率範圍為4~8赫茲，這是淺層睡眠的狀態，人們經常利用睡眠期間進入 θ 波幫助加強學習和記憶、增加靈感與想像力，讓潛意識發揮顯化創造的作用。

δ 波（Delta Waves）：頻率範圍為0.5~4赫茲，這是深度睡眠的狀態，在 δ 波的期間，身體的自癒機制啟動，自動修復身體與大腦，為身體補充能量，提高免疫力，釋放再生與生長激素，是整個睡眠過程中最寶貴精華的部分。

一次20~40分鐘左右的天使靈氣療癒就能讓人們迅速進入到高質量的深度睡眠中，活化身體細胞、減緩老化、增強身體的抵抗力。

天使靈氣修補氣場

圖7、8是個案在天使靈氣療癒前與療癒後的氣場儀檢測比較，可以明顯看出天使靈氣對身體、脈輪、思想與情緒的健康有所助益：

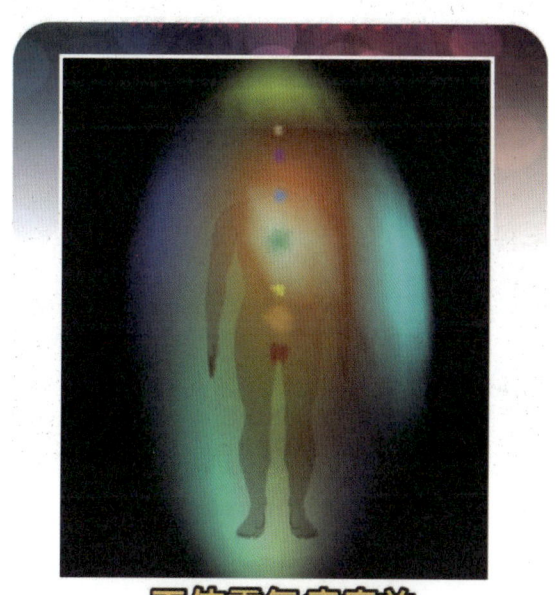

天使靈氣療癒前

圖7

療癒前個案氣場的主光是橙光，光圈也在上半身居多，屬

於上下不平衡的問題。整個光圈較多顏色，屬比較雜亂的狀態。上面的想法頭腦思緒過多，右邊（陽性）能量比左邊好。心輪的白光圈是心的能量阻塞，脈輪中心點在心輪，阻塞心輪導致能量無法往上連結。右邊的下方（左腳）有氣場破洞的地方需要療癒。

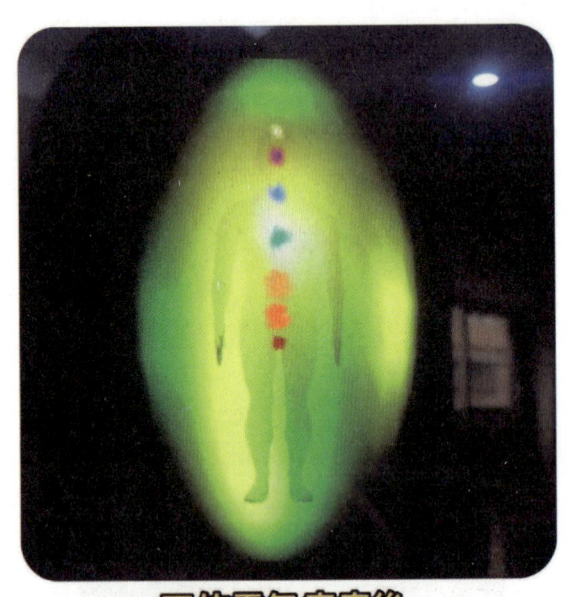

天使靈氣療癒後

圖8

療癒後，在天使靈氣的能量清理整頓之後，整體的光圈顏色較為一致了，主光變成黃色，氣場整體更乾淨明亮，心輪白光範圍縮小，顯示能量堵塞情況有改善。脈輪的面積變大了，

表示天使靈氣在體內運作讓能量疏通，帶動脈輪的順暢運作。右邊下方的氣場漏洞也被修補比之前較為完整飽滿。

僅僅只接受一次天使靈氣的療癒就有如此顯著的脈輪療癒和氣場修補效果，如果能夠經常接受天使靈氣的能量，就能長期建構健康強壯的脈輪與氣場，保護自己不受外在環境負面能量的入侵與傷害。

天使靈氣照顧懷孕的婦女

「許多人類以外的種族現在都錨定在人類形態中。對一個銀河種族來說，投生為人類並非易事。傳入意識的振動頻率比平均人類意識的頻率高出許多。這可能會為該意識與正在準備的人類載體的融合帶來許多問題。在過去，這引發了許多問題，導致了不同程度的自閉症、閱讀障礙等疾病。這種懷孕的特徵是準媽媽在整個懷孕的前6個月都會感到劇烈的噁心和不適。他們可能會非常害怕有什麼不對勁。確實，前6個月是最危險的時期，任何在這個階段支持女性的天使靈氣治療師都需要意識到，他們每個月至少需要對該懷孕婦女進行一次治療。隨著越來越多的星際兄弟姐妹希望在地球上幫助我們，並透過人類的化身在這裡札根，我們必須做好準備去完成這項工作。

如果天使靈氣執行師協助的懷孕是正常懷孕，那麼您進行的治療只會帶來好處。在正常懷孕期間給與天使靈氣，母親將會注意到分娩過程非常快，幾乎沒有疼痛。」（以上文字摘錄自英國天使靈氣官網。）

天使靈氣適用於任何人，包括孕婦、孩童或寵物。經常有學生問我，懷孕期間是否可以學習天使靈氣、接收天使靈氣的療癒？我總是笑著回答他們說，孕婦學習天使靈氣只付單人的學費，母體與胎兒同時受惠，真的太值得了。

孕婦接收天使靈氣,可以幫助孕程順利舒服,協助胎兒穩定落地。在我過去10年的教學經驗中,看到學生在懷孕期間來上天使靈氣的課,順利地生下天使靈氣的寶寶都會覺得非常的羨慕,如果我當年懷孕的時候就已經認識天使靈氣了該有多好啊!我覺得這些孩子的靈魂真的好幸運,還沒出生就能連結到天使了。真心鼓勵懷孕的婦女們能夠來學習天使靈氣,把握一人吃兩人補的好機會啊!

天使靈氣療癒實例:協助懷孕

——天使靈氣教師季小謙

安小姐求子心切,與另一半努力多時肚子仍悄無聲息,她什麼管道都嘗試過了,長時間的折騰使得安小姐心力交瘁,聽完她的故事,我引導她靜心過後一同邀請天使們臨在,陪伴我們進入天使靈氣的療癒能量。我引導安小姐躺在療癒床上,眼睛閉上專心致志的傳遞天使靈氣,瞬間我感受到一股溫暖強大的頻率充斥了整個工作室,也聞到淡淡的清香。療癒過程中我看見送子觀音的法相,而在祂身旁有一個小嬰孩,我立刻意會到這是一個珍貴的訊息,我持續穩定的輸出天使靈氣給安小姐,而她也全程平靜安詳的接收這一次的身心靈SPA。

當療癒結束後,我睜開眼喚醒安小姐,她眼角掛著淚水開口說:「真的是太舒服了,我看見了一位全身閃金光的天使。天使什麼也沒說,只是對著我淺淺的微笑。」我當下明白,我

看見的送子觀音與她口中的天使意象屬同樣品質，畢竟這些形象也只是高靈們給予訊息接收者的一個「相」而已，於是我就把自己收到的訊息告訴她，希望她仍不帶壓力以平常心繼續保有想要懷孕信念，療癒也在此圓滿結束。

　　4個月後安小姐再次與我預約天使靈氣療癒諮詢，不同以往，見到她時不再是愁容滿面，整個人散發出優雅的振動頻率，這次的諮詢重點是工作，過程中一點也沒有提到「求子」的事，在諮詢下半場，她主動的跟我提及她前陣子做的試管全數失敗，肚子依然沒有動靜，再次失敗的經歷從她口中以平靜的口吻道出，雲淡風輕不帶一絲悲戚，她隨後又說：「我現在就是順其自然不看這麼重了，當我把注意力放在生活的其他地方，我看見更多的可能性！同時我也會時常祈請天使的陪伴，我的心也感到更平靜。」看見她念轉心轉，我也替她感到開心。諮詢過後，我們斷斷續續的保持聯繫，某天她傳給我一張寶寶的超音波照，我還來不及開口問，她就說：「小謙老師，我懷孕了！」我放下手機眼睛微閉，感謝宇宙與天使們的護持，成全了這位令人心疼的母親。

　　在我書寫這段文章時，安小姐的寶寶也剛過滿月，關於這次的「求子歷險記」，與其用科學與理智腦去評估年齡與受孕機率，我更相信「信念」能戰勝一切，我也對天使與高靈們再一次致上最深的謝意。

天使靈氣對疫情的貢獻：
隔絕負能量的防護罩

受到全球大流行COVID-19局勢的影響，全世界都存在著個人和集體的危機，但是任何緊急危機中都蘊藏著轉變的良機。有時候，要喚醒並整合我們整體需要一些危機，藉此彰顯更高水準有意識的生活、合作、真誠和同理心。我們信任、福祉和內在平衡同樣具有感染力，因此讓我們邀請靈氣進入我們的生活，並為所有人最大的利益灌注能量。

身為靈氣行者總是可以做些什麼，因為我們的身邊有靈氣：

1. **自我靈氣和自我護理**：我們的首要責任是對我們自己，因為真正的改變來自內部。
2. **將靈氣融入我們的日常生活中**：增強振動能力，保護並阻止我們養成恐懼的性慣。
3. **提供遠距的靈氣作為舒適和安全的來源。**
4. **將靈氣發送給與當前全球危機相關的情況和事件。**
5. **致力於我們的內在和外在衛生**：遵循你所在國家/地區的公共衛生措施，並養成健康的心態。
6. **洞察力**：保持知情，但不會在精神和情感上擔憂焦慮，

僅從客觀中立的管道獲取新聞，其中包括你值得信賴的內在指引和神聖智慧！

　　7.專注於增強免疫系統和彈性，每天的感恩發揮著重要作用！

　　8.富有同情心的行為：真正的精神領袖是在艱難時期中做出互相尊重和同情，並考慮每個人的健康情緒。

　　9.有信心：請記住，你已經做好了內在準備與調整，並有能力面對任何困難的時刻。

　　10. 這也將過去：「當我們的星球和人類穿越這個充滿挑戰的時代時，讓我們記住，愛的能量是所有力量中最強大的，靈氣是最純淨的愛。讓我們來帶路，靈氣最燦爛的祝福！」以上文字引用自靈氣教師凱瑟琳・強森（Katherine Johnson）的文章〈靈氣行者在動盪時代的責任〉。

　　新冠狀病毒的疫情提醒我們，地球已經向著合一的方向前進了，生活在地球的所有國家和全體人類都是生命共同體，只要有某個地區落難，其他的區域也無法置身事外、冷眼旁觀，我們要盡早認清這個事實。生活在台灣的我們享受著上天的恩寵，能夠在這次的疫情中享受相當的自由，是因為在過往我們的祖先積攢了不少的福德，台灣人的正直善良、熱心助人的精神得到上天的恩寵！

　　經由這次的疫情，我深深感受到天使靈氣對我的幫助。外在環境的恐懼、迷失與混亂似乎無法對我產生影響。雖然在每

天宇宙能量的衝擊下，我也會出現療癒與清理的好轉反應，但大部分的時刻我都是平靜喜悅、充滿安全感的。有一種雖然身體還在地球，卻好像被一個隱形的防護罩好好保護著的感覺，我的學生和大部分的天使靈氣執行師也都有相同的感覺。這次的疫情，讓我們見證了看似「溫和」的天使靈氣為我們帶來內在強大的穩定與安全感。

處於動盪不安的時代，我們生活在大環境所形成的集體能量圈裡，除了身體的能量場會吸收環境的負面能量以外，當我們的光越乾淨明亮，靈魂層面也會自動自發的分攤地球的清理工作，這是靈魂對地球與其他靈魂付出的無條件的愛，是我們的人格面無法阻止的。加上我們自己的人性面也在持續製造負面能量，因此每天至少必須給自己1~2次的天使靈氣當作基礎保養。隨著時間的流逝，每年地球的頻率不斷的攀升，生活在地球的我們也要跟上，經常給自己天使靈氣，讓自己保持和平寧靜、安詳放鬆的狀態，藉以保護自己遠離大環境的清理所衍生的天災人禍。

三個地球已經成型

大天使麥可曾經說過：雖然人們的眼睛只有看見一顆地球，但有三種不同的振動頻率同時存在於地球，各自振動，過著各自創造出來的生活，就好像隱形的三個地球。

第一顆地球是人類尚未出現，保留最初原始風貌的地球。

那是屬於地球原生物種的世界,是植物、礦物和動物的天堂,是為了保有地球的原始根基與血脈而存在。第二顆地球是在3~4次元頻率振動的地球,在這個頻率帶振動的人們,深陷在負面低頻的情緒中,過著恐懼焦慮、辛苦艱難、努力求生存的生活。第三顆地球是在5~7次元頻率振動的地球。在這個頻率振動的人們,過著感恩與富足,互助互愛,心想事成的生活。這三種振動頻率同時存在於一個物理地球裡,卻各自過著截然不同的生活。如果人們未曾自我覺察,依然被小我的負面情緒控制,隨著時間的演進,第二顆地球與第三顆地球的差距將會越來越大,恐懼匱乏的人將會更加的恐懼匱乏;內在安全和諧的人則會有如生活在天堂。

　　由於地球正在奮力讓自己往第五次元邁進,在未來,地球的自我清理動作頻繁,振動頻率的高低將是個人安全與否的決定關鍵。不同的頻率振動形成各自的空間和實相(同溫層),振動頻率的差異將會在同一個物理地球裡顯化出天壤之別的世界。現今已經有很多人的振動頻率可以達到第5~7次元了,例如我們在運作天使靈氣的期間就會進入第5~7次元的頻率振動。

　　事實上要進入較更高次元並不困難,人的一天當中有可能在三次元和七次元之間來來去去。心情好的時候,心中充滿光與愛就在第五次元,若是心情不佳、思想負面的時候就回到第三次元。

　　因此在接下來的時日裡,全球人類將進入調頻大作戰,因為要進入更高次元並不困難,但是如何維持在高頻不再掉落,

將是人類要努力耕耘的重點。要讓自己的頻率維持在第五次元，無法臨時抱佛腳，需要人們平日養成維持在較高頻率的習慣。天使靈氣就是簡單方便、能隨時隨地為自己調頻的好工具。可別小看天使靈氣，以為只是讓人睡睡覺、身體放鬆而已，這就是天使靈氣的神奇之處，在無形之中，把天使七次元的頻率錨定在我們的所有層面。

伊莉莎白的親身經驗：打愛的疫苗

我也曾經歷是否要打疫苗的困難選擇，在眾說紛紜之際，我決定詢問大天使拉斐爾，並相信大天使拉斐的說法，因為從以前到現在，天使訊息總是引導我從混沌中看見清明。拉斐爾回應我：「要相信人類的科技，要對人類的發明有信心，一切都在神聖秩序中運作，你可以打愛的疫苗。」

於是我按照大天使拉斐爾的教導，打疫苗的時候，我感謝疫苗讓我的身體更有活力、更有生命力、更健康強壯。我感覺到疫苗就像是小小的金色光天使進入我的身體。我打疫苗的目的不是為了對抗、消滅病毒，是為了幫助身體轉化到更高次元，這就是打愛的疫苗。

打完疫苗當天只覺得有點疲累想睡覺，所以就一邊給自己天使靈氣一邊睡著了。在給予自己天使靈氣的過程中，我請天使把疫苗的能量做最圓滿的處理，讓疫苗和我的身心靈完美合一，我衷心感恩敞開歡迎疫苗的助陣。第二天，打疫苗的手臂有點痛，趁著午休再給自己天使靈氣，也是舒服的睡著了，醒

來後手臂的腫痛消失了。

天使靈氣是靈活充滿智慧的，因為每次當我們接收天使靈氣就好像接收一群充滿愛的天使進入我們的身心靈、為我們調理身體。因此天使靈氣會幫助我們把進入身體的不同能量轉化成為最適合自己的養分，不論是什麼種類的疫苗，天使都會把它們轉化成維護身體安全的品質，根本不需要困擾疫苗的問題，這也再次印證我所說的：能夠學習天使靈氣的人，真的是有福氣之人。

天使靈氣為祖先、往生者補光

　　往生者是靈魂，也是光。靈魂的含光量越多，靈魂的等級就越高。靈魂的等級越高，行動越自由，能夠進入的空間和頻率地帶就越多。靈魂的等級越高，就能脫離三度空間的限制，離開生死輪迴，進入不同的領域繼續學習並精練自己的光。

　　天使靈氣是七次元的天使之光，當我們傳送天使靈氣給往生者，就是在為他們的靈魂補光，增加靈魂的光度，提高讓往生者的靈魂等級，使之成為更高階、更有力量的靈魂。

　　俗話說：「一人得道，雞犬升天」，若是我們的祖先親人是高階靈魂，必定能夠為我們的靈性成長有所裨益、支援我們盡快的揚升。

| Chapter 7 |

遇見天使靈氣

學生心得分享

天使靈氣幫助我找回力量

～天使靈氣教師張倚禎

　　當我遇見天使靈氣，我已走在光的頻率中，我學會拿回自己的力量，不再向外追求，不再把關注力放在外在的世界。我開始相信自己的感官與直覺，找到了內在的力量，切斷所有不屬於自己的能量。我學會了如何療癒自己、成為天使的管道去療癒他人。

　　天使靈氣幫助我學習當下的人生課題，滋養灌溉我們的身心靈，療癒我們內在的傷痛及不圓滿。天使靈氣是無條件的愛與光，是找回內在神性自我的智慧，是溫暖有力量的第七次元振頻。每當我用天使靈氣療癒自己時，感覺自己的意識無限的延伸，最後與浩瀚無際的宇宙融合在一起了，我的心識又更廣闊了。很慶幸，自己繞了一大圈，最後還是回到了內在神性，信任與聆聽自己的內在聲音。

　　感恩伊莉莎白老師的帶領！感恩我的同學們！能一起學習天使靈氣是件很幸福的事，行走在光的路上我並不孤單，有你們真好！

天使靈氣找回天賦潛能

～天使靈氣執行師李藍瑩

2019年7月遇見天使靈氣。在療癒的過程中，聽著音樂，我只感覺好放鬆好放鬆，然後…………我睡著了。我以為那天的療癒只是因為我太疲累了，也以為是我生理期到了。但接下來的兩個禮拜，是我成為兩個孩子的偽單親媽媽後，睡得最沉最安心的幾天。我想，我開始懂得愛自己了。天使告訴我，愛別人前得先愛自己。

在與Sandra（天使靈氣的學姊）接洽時，對於天使靈氣才有了一點印象，學姊提到每個人都可以學習天使靈氣，不僅可以幫助自己還能幫助家人，而身為兩個孩子的母親，最大的希望就是孩子家人都安好。天使靈氣可以穩定孩子情緒，引導孩子成為自己，如果你有孩子，你就知道這是多迷人的誘因。

2020年5月我回應了天使的召喚，參加了伊莉莎白老師的天使靈氣工作坊。在報名天使靈氣初階課程前，擔心神經大條的自己可能連結不到天使，還好學姊幫我打了一劑強心針，學姊說：你傻傻的去上課就好。

終於要連結天使了，既興奮又緊張。咦！不是應該要敲敲鑼、打手印、擺個我是天使的姿勢來開場嗎？結果，天使靈氣

完全不需要擺聖壇、沒有儀式、不用唸著繞舌的咒語、不用法器，唯一會用到的輔助工具，應該就是一張舒服的椅子。天使靈氣真的太適合我了，我就愛這種簡單不囉嗦的方法，太多的法器、儀式……等，只會讓人掉入另一種執念。

當我成為天使管道時，我感覺自己被一股熱能環繞著，明明教室吹著冷氣，可是原本冰冷的手突然就溫暖了起來，感覺有股能量流遍全身，那股暖流讓人舒服到失去意識，坐著竟然也能睡著。老師說，睡眠時腦子才會真正安靜下來，這有利於天使靈氣的運作。

上完天使靈氣初階課程後，每晚我都以最舒服的姿勢（當然是躺著）給自己做天使靈氣。我會利用這段期間把遇到的困難告訴天使，天使則是經由夢境或透過身邊的事件來回應我。

當孩子情緒不穩或身體不適時，我會用天使靈氣來照顧孩子。

記得第一次為孩子運作天使靈氣時，看見了聖母瑪利亞（孩童的天使），孩子也比往常更早入睡（媽媽總算能偷閒了）。天使靈氣幫我找回自己的天賦，兒時對於手作的熱情又重新點燃，原本不敢想的事情，現在也規劃執行往夢想邁進。我想說，自己真的很幸運能遇見天使靈氣！我愛天使，我愛人間天使伊莉莎白老師！

天使靈氣快速平復紊亂的情緒

～天使靈氣教師賴婧維

第一次接觸天使靈氣時我剛經歷工作不順心、父親突然去世的雙重打擊,對人生感到疲憊、對未來覺得迷惘。

在課堂與同學練習天使靈氣時,我看見一個老先生坐在椅子上微笑地看著我,聽到祂對我說:「親愛的孩子你好嗎?」剎那間我直覺眼前的老者是「上主默基瑟德」。我非常直接地回答:「不好!」祂在聽到我的回答後說:「不要擔心,有很多兄弟姊妹都會陪著你。」於是我轉頭看到身後有很多的天使,霎時我眼淚簌簌地滑落,就好像迷途的孩子回到家一般,最後我在上主與天使們溫暖的擁抱中結束了這次的療癒。

這個經驗讓我十分震撼和感動,就像白光照進黑暗、雨水滋潤大地。後來幾次的課程和療癒中,我獲得許多難忘的經驗,天使與揚升大師的訊息讓我逐漸變得有力量。每當情緒紊亂時,給予自己天使靈氣總能很快安定下來。我經常在午休時給自己天使靈氣,這會幫助我放下思緒、歸於沉靜,雖然只有運作15分鐘左右,卻感覺好像睡了1小時般,在睡覺前給自己天使靈氣,也能幫助我放鬆身心快速入睡。

雖然高頻的天使靈氣運作在身體時不會有很強烈的感覺,

但天使靈氣確實會滋潤心靈、恢復活力、讓人更有力量,天使總是比我們更知道自己需要什麼,每一次沐浴在天使靈氣的滋養中,感受到天使無條件的愛,輕柔溫暖地將我們包覆,療癒我們身體的不適、內在的傷痛,給予我們向前邁進的力量。

天使靈氣療癒漸凍人的母親

～天使靈氣教師賴正倫

　　一路陪著老媽從單純以為是脊椎問題到確診是漸凍人的那一刻，內心第一次感覺到對生命的無能為力，但除了陪伴，我好像什麼都做不來。我內心在掙扎著，到底要不要幫老媽施作天使靈氣？後來，一向不信身心靈療癒的老媽，竟然就自己開口要求我為她做天使靈氣，然後，療癒就在那天展開了。

　　我點上聖木和一盞蠟燭，請老媽舒服的躺下，放著天使靈氣專屬的音樂，開始運作天使靈氣。過程中，大天使拉斐爾透過綠色且溫暖的光療癒老媽的身體，我看到了很多關於老媽過去的記憶，如同許久未清理的水溝般，淤積在她的心裡，因為是自己的老媽，所以當看到那樣的畫面時，除了驚訝，還有更多不捨跟心疼，只是身為一個療癒師，還是要客觀的去看待這樣的畫面，天使協助我們清理了脈輪，也整理了一些被遺忘的印記。

　　療癒結束後，我喚醒老媽，她說很久沒有這麼舒服的睡著了。溫暖的燈光下，我陪老媽聊了天使靈氣施作的過程，就像是陪她看了一場人生的電影般。我不知道在這之後，她會不會有什麼樣的不同，我只知道，對於這樣的相遇已足夠，至少在

我離開世界的那一刻，我不會後悔自己沒有做點什麼。

那天睡覺前，大天使麥可問我今天感覺如何，雖然看到這麼多難過的畫面，但我的內心卻是平穩的，麥可說：「其實，你學了這麼多，就是為了這一刻的到來。」頓時，我眼淚就這樣流了下來，原來一切都早已安排好，所有的準備，都是為了生命那一刻的相遇。

我內心十分感謝所有的安排，讓我知道自己有能力可以協助每一個求助的靈魂，帶往一個它覺得好的路上。就如同天使跟我說的，有時候陳年的問題不是一朝一夕就能夠解決，但發現的本身就已經是一種獲得，因為我們已經知道，可以從哪裡開始了。

天使是真實存在的

～天使靈氣教師蔡蓉蓉

在遇到天使靈氣之前，我一直認定天使只是宗教信仰創造出來的神話人物，即使在夢裡遇到神祕的發光體來指引我方向，我仍然當作只是夢境與想像。然而，奇妙的事情一直發生，我變得更常夢到天使，甚至在我進薩滿旅程時都能遇到，引導我看見了伊莉莎白老師的臉書！於是2020年7月我上了1&2階天使靈氣課程，就在第一天，老師就證實了我之前所有的夢境與旅程所看見的世界！在點化時，我看見了天使們圍繞在我身邊，散發出令人安心的溫暖光芒，並且對我說「歡迎回家」，當下我知道，這條路走對了！

上完中階課程的第一天，我夢到一位天使來跟我聊天，祂請我開始吃素。根據我以前的經驗，只要吃素超過3天，我一定會開始貧血、頭暈眼花、全身無力、深深渴望肉………但是這次，我已經吃素兩個月了，完全沒有不適感，甚至更有精神活力，每天幫自己做天使靈氣療癒，更讓我活力十足，可以一天做完很多事都不會累！這個感覺是自在舒服的，也不會特別渴望肉，所以我決定持續下去。

天使靈氣對我來說，不只是療癒而已，像是打開了一道通

往答案的門,一切都變的更加清晰,讓我在為個案做薩滿療癒時更加得心應手,甚至帶來了許多我想都不可能想到的奇蹟!

經由天使靈氣讓我認識真正的天使,讓我知道天使是真實存在的,並且是慈悲的愛,願意用愛照亮地球上的每一個人。我願意成為天使靈氣的推廣者、老師,讓更多人感受到天使們慈悲無私的愛。

天使靈氣療癒我失去親人的傷痛

～天使靈氣教師京泖成

在7年的牌卡諮詢服務裡，我察覺到占卜訊息無法全面的支持個案，就開始找尋可以輔助療癒個案的的靈性工具。某一天，視窗裡跳出「英國天使靈氣」初階課程訊息。天生是個天使控的我，看到「天使」兩個字，心底油然而生就是這個課程了。就這樣在2016的盛夏，回到天使無條件的愛中。

第一眼見到伊莉莎白老師覺得她好瘦小，說話很溫柔，但氣場好強大。在天使靈氣4個階段學習課程中，透過天使靈氣的10種療癒法，一一向內探究、去面對不同階段的人生和穿越種種課題。天使靈氣教導的「賦予權能」，讓我們自己長出心靈力量，不再是受害者的角色，全然的為自己的人生負起責任。

我在情感關係裡是個妥妥的戀愛腦，天使靈氣療癒了過往的情感創傷，療癒自己的不配得感。我不再糾結愛與恨、錯與對。理解自己更愛護自己，讓自己的愛情能好好翻篇。 渴求愛的原因，來自不理解愛的樣貌。在30位大天使的祝福過程，我手握水晶淚如雨下，回到天使的國度裡我很安全，深深的被大天使們的愛充滿著療癒著。在爺爺和奶奶、亞思拉（陸龜兒子）生病離世前的那段日子，還好有天使靈氣的療癒陪伴，讓

他們能減輕身體病痛感和不舒適，離世後天使靈氣也能引領他們回到光中。天使靈氣療癒也幫助留下的人，走過那段失去至親的傷痛，協助轉換心境。

天使靈氣真的是非常方便和容易上手的身心靈療癒工具，我們只是管道，真正的療癒師是天使，相信天使、相信自己，信任每個過程都是最完美的療癒。日常勤使用天使靈氣，萬事萬物皆受益。

我要感謝伊莉莎白老師在 2014 年將英國天使靈氣從英國帶回台灣，在這 10 年時間造福了許多人們，感謝您在身心靈這一路對我們的提攜與照顧，有您真好。「願天使之愛降臨人間，願每個人都能成為手中發光的療癒天使。」

天使靈氣是險峻環境的支撐力量

～天使靈氣教師舒婧芝

那時正是全球因疫情而陷入恐懼擔憂的時期，群體意識充滿著害怕，人與人之間拉開了距離，我用天使靈氣為我的家人、孩子與朋友安撫他們的焦慮，給予平穩的力量。每天為自己傳送天使靈氣是必備的，為自己充電與天使對話，在歡欣時，在傷心難過時，在險暗低俗時，總是可以感受到天使們的支持與天使靈氣溫暖的撫慰。

曾經有位個案總是無緣由的左後背肌肉拉傷，看醫生治療後不到一週又發作，就這樣反反覆覆的兩個多月，已經嚴重影響了工作和生活。他來找我做天使靈氣的療癒，天使指出他的左後背肌肉會反覆的受傷發炎，是來自於過往一段深刻的感情故事造成他的內在情感傷痕，經由天使靈氣的看見即是療癒後，客人的後背沒有再發生拉傷的疼痛發炎，恢復平常的工作運動與生活。

後來因為許多客人感受到天使靈氣的好，想學習天使靈氣，於是開啟了我帶領天使靈氣工作坊的服務。真心感謝伊莉莎白老師的教導，讓我認識了天使靈氣，改變了我的人生，找到我的人生志業。

天使靈氣提升我的靈性直覺

～天使靈氣教師杰森

　　過往在睡夢中有幾次聽到溫柔女性的聲音，讓我堅信有天使的存在，直到我開始靈性的學習後，才了解天使如同指導靈和守護神會陪伴在身邊，並在適當的時機與祂們相遇，這或許就是我對天使靈氣產生興趣的緣由。

　　上課時，透過老師的引導，詢問天使有關療癒的內容，當時我思緒很凌亂，不確定天使哪時會跟我說話？會跟我說什麼？看到其他學員能轉述很多內容時，讓我對自己的靈通力缺乏信心。直到經過老師指導，我才了解要放輕鬆用直覺來接收天使的訊息，時常運作天使靈氣後，我能收到的畫面和訊息越來越清晰，也漸漸對自己更有信心。上完課後，我時常替自己和家人療癒，過程中會感受到溫暖的能量流入心輪的位置，身體也會開始微微晃動，經由轉動的方向所代表的涵義，讓我能勇敢面對所遇到的關卡。

　　對別人施作天使靈氣或被施作時，會感受到全身很放鬆，如果有失眠的困擾，很容易進入更深層的睡眠狀態。有次幫對方施作後，對方便睡到打呼直到睡飽後才醒來。當對方情緒很低迷時，透過遠距療癒後，對方心情好轉許多，他原本堅信科

學的想法,也漸漸改觀。後續時常替自己和家人療癒後,我感受到靈觸力越來越好,好比全身的經絡越來越暢通,也懂得分辨天使和自己的能量。療癒過程中,會感受到天使輕盈細緻的能量在身體間流動,全程非常放鬆。當完成療癒後,在情緒和精神上,能更有動力面對遇到的困境與挑戰。

天使靈氣三件神奇的事

～天使靈氣教師洪劭臻

第一次接觸天使靈氣是爸爸生病住院,當時不知道爸爸生什麼病,但直覺告訴我參加天使靈氣療癒可以協助爸爸。當時我只認識網路的天使靈氣療癒師「煌語」,所以拜託他替爸爸傳送天使靈氣。那次的療癒讓爸爸第一次在我面前掉眼淚了,他說想回家。當時快過年了,他不想待在醫院。我安慰他說:「可以的,只要醫生查出原因對症下藥,就可以順利出院了!」但是醫生一直都沒找出病因,當時爸爸身體發炎持續高燒不退,卻因為天使靈氣的療癒完全退燒了,而醫生也在年初二讓爸爸出院了!

第二次接觸天使靈氣是報名參加伊莉莎白老師網路的療癒活動,那個活動是清理對地震的恐懼,我只需回應「我願意」三個字,就可以參加療癒活動!報名的隔天早上忽然感覺有種莫名說不出來的能量一擁而上,害怕、恐懼、焦慮、不安各種負面能量一直在心中出現,接著我的上嘴唇竟然腫起來了!當時我一直以為是自己睡眠不足,所以乖乖躺下睡覺休息,但嘴唇卻沒有消腫。我請先生去藥局買消炎藥吃了2天,嘴唇還是沒有消腫。

我突然想起有報名參加療癒，趕緊私訊伊莉莎白老師我的情況，老師幫我找了一位北部的療癒師，我把問題告訴療癒師後，聽著她寄給我的音樂就昏睡了，當我醒來已經是兩個小時之後了。療癒師告訴我說：「你這是身體的大清理，天使們協助你清除不健康的負能量。我看見一個小男生一直跟觀世音菩薩說話，邊哭邊說，而觀音一直在安撫他。」我詢問這位小神童是誰？療癒師告訴我：「是你的內在小孩！」當時我的眼淚不由自主的往下掉。我對療癒師說：「是因為我不愛自己，所以內在小孩很傷心難過嗎？」療癒師回答我：「是啊！」與療癒師通完電話後，我被鏡子中的自己嚇到了，因為嘴巴已經消腫一半了，嘴唇外竟然有流出乾掉的血！這是我親身遇見的第二次神奇的事情！當時遭遇的這兩件事，讓我開始想學習天使靈氣！

　　第三件神奇的事情是我與自己的媽媽。一直以來我是家裡最聽話的小孩，但是不論我如何聽話，媽媽總是不滿足，好還要更好，從未聽過媽媽的讚美聲，聽到的永遠都是媽媽的要求！

　　當我終於如願參加伊莉莎白老師的天使靈氣工作坊，我跟同學互相練習療癒，我請她詢問天使，為什麼我的媽媽對我這麼嚴格，總是聽不到她的讚美聲呢？同學告訴我，天使們說：「你跟媽媽是相約來人間學習給彼此無條件愛的課題的。」經過那次天使靈氣療癒之後，我的媽媽竟然開始轉變了，從原本有著「武則天」個性，變成了有愛的天使。天使靈氣協助我圓滿了與母親的關係，這是第三次天使靈氣給予我的神奇經驗！所

以當時我就告訴自己，我一定要學完全階的天使靈氣，這樣我就可以照顧自己，也可以幫助身邊的人。

　　現在的我已經是天使靈氣教師了，希望未來有更多人知曉天使靈氣，有更多的人學習天使靈氣，帶入自己的家庭生活。現在我的先生孩子們也都有學習天使靈氣。孩子們從不愛讀書，到現在每天都很愛去學校上學，重點是她們都沒有補習，在學校很開心的學習，遇見的同學與老師也都很有愛喔！

天使靈氣是我的幸運

～天使靈氣教師張簡介勛

2021年11月第一次接觸到靈性世界，在初次的學習過程中，對比其他同學的狀況，讓我感受到不少挫折，過於理性的工科大腦、緊張不易放鬆、阻塞以久的身心狀況，對我在天使靈氣的感受上有所影響，但我仍然相信老師的教導，相信天使，每次都是最完美的療癒，雖然多少仍有懷疑的心態存在，還是持續著不斷的運作靈氣，過了約半年之久，有了明顯的變化。

在這兩年中，一路從初階、進階、執行師階、教師階，學習到了各種療癒方式，與同學的練習中收穫了滿滿的感動。從家庭、工作、與人相處之間所產生的各種負面情緒狀態，總是能很快地轉化，很多事物都能較為平靜地看待，不再執著糾結，因為可以時常呼喚天使的陪伴，尋求天使的指引與幫助，為我們補充愛（靈氣），讓我們能去面對一切。

有個親人身體出了些問題，我為其傳送靈氣，並尋求天使的幫助，醫院檢查結果是癌症第四期，但癌細胞奇蹟似的並未擴散，在化療的期間，她主動搬來與我同住，似乎潛在的感知到我能對她有所幫助，我時常為她傳送靈氣，半年化療時間過去了，其身心狀況都還不錯，一切都往好的方向發展。非常感謝伊莉莎白老師將這麼棒的天使靈氣帶回台灣，也很感謝天使們，有你們在真好，愛你們！

天使靈氣的豐盛顯化

～重慶內科醫師/天使靈氣執行師唐一鳴

在人生迷茫以及倍感孤獨之際，我有幸與伊莉莎白老師不期而遇，發現她既具備慈愛親切的陰性溫柔，也不失明快果斷的陽剛力量，頓感驚奇，也許這就是人間天使的優雅之處吧！還有那爽朗的笑聲如銀鈴般回響。記得在課後的一次散步中，不經意碰到老師的手臂，雙手酥麻過電，那感覺就像觸及天使的翅膀一般，亦幻亦真，讓人印象深刻。

學習天使靈氣過程中，老師引導我們穿越平行光和垂直光的時空後，我在課後的生活奇跡飄然而至。下課後，我更加大膽地放手去運用天使靈氣，先後兩次參與心肌梗塞患者的能量療癒，均協助患者轉危而安，免去手術之苦。籍此動力，又擴大運用在門面租賃、廠房拆遷等諸多商業方面，克服內憂外患等重重困難，收穫頗豐，再創進帳百萬的奇跡。

百樂千里授良駒，人生最幸遇恩師。感恩今生能與伊莉莎白老師相遇，也許是一個許久的約定讓她引導和激勵我們在光中不斷前行，共築奇跡。

天使靈氣找回我的內在神性

～香港天使靈氣教師 Christina

從小到大，我去了不少次教堂、教會。人們總是站在耶穌、聖母瑪利亞的雕像或是牧師的前面，把他們最脆弱的一面交出來，祈求上帝賜予恩典。可是，沒有人告訴我什麼是內在神性。如果沒有了宗教、傳道人、聚會崇拜的地方，我們還可以倚靠誰呢？

某天我翻閱了一本關於與天使連結的書，並且播放天使音樂。我突然領悟，我最有內在神性的時候是我的靈魂最感動的時刻。這種感動不一定會淚流滿面，或者在我身上有什麼情緒反應，但我知道我的靈魂悸動了。以下就是我經歷兩件神性的事情：

第一件是去上伊莉莎白老師的天使靈氣課。之前因為疫情的關係，我一直無法到台灣上課，這個機會我已經等了3年了。在第一天上課的時候，伊莉莎白老師帶領我們奉獻空間。她問我們有什麼感覺？我告訴她，我感覺我終於回家了。我看到一堆天使在迎接我，而坐在我身邊的同學們，他們是人間天使，都是我靈魂族群的一部份。我深深地感受到同頻共振的感覺，而這種感覺是我以往在任何團體中找不到的。

第二件事情是我在課堂上幫助一位同學做天使靈氣療癒。我開啟了她往世的記憶，並閱讀到我們有幾個前世都當過好鄰居、好同學、好朋友。我看到有兩名孩童在鄉村快樂地玩耍，我知道我們就是這兩個孩童。突然，我感動流涕。這是我第一次幫別人做療癒的時候有這麼大的情緒反應。我覺得我們約定要在這裡相遇，因為我們的靈魂任務就是要喚起對方最為純真的一面。我繼續為她做療癒時，覺察到她在日常生活中過得並不快樂。所以，我協助她修補在台灣掉落的靈魂碎片。以前我不明白為什麼要幫助別人做療癒，到底是為了金錢、為了加強療癒技巧，還是為了協助發展靈性事業？那一刻，我終於明白了：我療癒別人的時候，也是在療癒自己，因為我們都是合一的，最終都會回歸源頭。

天使靈氣療癒氣喘

～天使靈氣執行師賴怡蒨

　　我從小就有氣喘,小時候的記憶最多的是吃藥、打針。這個宿疾所帶來的影響,上國中後雖然有比較緩和,也一直都有維持運動習慣,但相較其他人還是比較容易生病。後來出國唸書,因為當地天氣寒冷的因素,氣喘的狀況日益嚴重,甚至比小時候嚴重。

　　回到台灣後,花了3年藉由中藥與規律運動調養,讓身體回到一個穩定狀態,但只要有感冒、咳嗽等症狀,總得花上一個月的時間才能恢復,即便我長期不喝冰冷飲品。

　　2019年學習天使靈氣,規律為自己施作天使靈氣後到現在已兩年多,發現自己已長達兩年不再使用支氣管擴張劑,天使靈氣也提升了自己之前一直無法突破的運動體能限制,讓自己可以去從事更多以前不能嘗試的活動,生活變得更健康快樂。這些始料未及的收穫,讓自己深深被天使的療癒能量與愛感動著。

天使靈氣療癒我與伴侶的關係

～天使靈氣教師師郭芳均

　　學習天使靈氣已有10年的時間，那時是抱著新奇的態度來學習天使靈氣，對於天使可以協助我什麼，其實我是一無所知的。

　　在開始學了天使靈氣之後，我單純的每一天給予自己天使靈氣，記得在初學的前1、2年裡在天使靈氣的滋養下，我經常感到一股平靜喜悅的能量在我的生命裡支持著我，那時我也常感覺到放鬆！慢慢的我萌生了想要成為一位教師的念頭，於是我開始朝著教師的方向前進，在這個階段我陸續經歷到我生命中的一些挑戰。

　　那時我逐漸放棄白天的工作，全心投入身心靈的行業，但因為這樣的決定引來家人對我的擔憂與不諒解，但即便如此，我仍然堅持著我想要的生活方式。表面上雖然堅持著，但內心深處我並沒有全然的支持自己做的決定，我害怕如果沒有成功該怎麼辦？也因為恐懼逐漸加深，我開始落入受害者意識的模式裡，這是我始料未及的，當初只是單純的覺得自己有天賦可以從事這個行業。

　　這些恐懼焦慮的情緒讓我一度陷入自己很糟的想法中，我

感到非常的沮喪，但我卻沒有因此停止運作天使靈氣，那時只要感覺到焦慮襲上心頭，我就開始為自己施作天使靈氣，當下天使讓我的頭腦停止思考並讓心情逐漸平靜下來，為我內心帶來更大的空間感，增加對自我的接納，讓我有力量來接受現況，在壓力期間能夠安穩的進入睡眠。

過往我總是無意識的認同頭腦所創造出來的負面思想，也深陷在某些觀點之中，在天使的引導下常常會突然間茅塞頓開，當我明白能夠從另外一個觀點來了解事情的面貌，自己的心也就越來越開放和自由。也因為得到天使的引導，這也協助我能更深層的自我覺察，我的想法也變得越來越簡單而不複雜，就算偶爾被舊有的思想綁架，糾結的情況也很快便能化解。這是天使在思想層面為我帶來的轉化！

在伴侶關係，天使療癒我對另一半的失望與憤怒，讓我看到在關係上我對於伴侶的傲慢（我總是無意識的扮演治療師想療癒對方），幫助我找回關係上的對等。在療癒期間，天使帶領我回到過去世療癒我與伴侶在過去沒有完成的課題，而這一段關係療癒也足足經歷了3、4年之久。慢慢的，我在性格上也變得比較有趣而不嚴肅，也能說出自己真正的需求，而不是要求對方應該要為我做什麼，也更願意騰出空間來傾聽對方。

在我的部分性格裡，我總是不允許自己快樂。一個不允許自己快樂的人，總是有辦法找到理由讓自己不快樂。天使靈氣的療癒讓我經歷到所有令我煎熬、挫敗、痛苦的事情都有重新詮釋的機會與可能性。當我開始把焦點轉移至如何讓我的生命

喜悅時，即便只是做家事，都能夠為我帶來滿足，小事就能為我帶來快樂，我覺得隱藏在日常生活的小事是天使要引領我去看到神性的愛。

有時我也會對自己存有懷疑，想要完成一些事但又覺得自己可能辦不到，有時也會覺得自己是不是應該「做」些什麼來增加自己的膽識？天使讓我明白，我可以不存在原因或理由才能「成為」，而是你的存在本身就具備這樣的能力，天使讓我意識到自己是具足的，我發現頭腦的算計也因此少了許多。

天使靈氣是簡單且深刻的一個療癒法門，在教授天使靈氣時，我一再的經驗到光的天使王國為每一個人帶來不同的治癒力，幫助我們與自己的神性取得連繫，僅僅只是做自己影響就會很深遠，天使的愛美妙且無私，而祂總是如此！

原來我不是麻瓜

～天使靈氣執行師干昌富

在學完整復推拿的課程後,想進階學習能量的療癒手法,於是在朋友的推薦下上網尋找天使靈氣的課程,發現6月有「天使之翼課程」,8月有「天使靈氣課程」。心想,先上天使之翼看看老師教得如何,再決定要不要去上天使靈氣?

我懷著忐忑不安的心情來到了啟動天使之翼的教室,我感受到教室溫暖的能量場,感受到大天使羽翼的呵護,原來,這就是來自天使王國的加持。在相互練習解讀天使訊息時,我一開口就熱淚盈眶哽咽無法言語,原來在接收天使訊息的時候,天使會先療癒你的內在。這是我第一次感受到天使的慈悲與愛護,太棒了。

8月,在天使靈氣的課程中,因為對天使有了初步的了解,所以我很快的進入狀況,我感受到大天使們來到了教室溫暖了整個場域,我真的非常感謝我的守護天使大天使烏列爾、麥達昶暗中給予的指引。

課堂間練習的各種療癒的程序其實都是在療癒著自我的內在,我細心的感受著內心的匱乏處,聆聽著天使帶來的訊息,和天使靈氣的療癒。知道了內在的缺失,才能祈請天始的幫

忙，讓天使依照著我的祈禱，療癒並協助我。大天使們就像是我的好朋友，每晚抽著天使卡，跟天使對話，傾聽天使的訊息與引導。睡前天使靈氣的自我療癒，感受著靈氣洗滌我一日的疲憊，讓我帶著滿滿地祝福入眠。我從一個不知道天使的麻瓜到感受天使溫暖的守護，真的要感謝老師的引領以及大天使們對我的愛護。

| Chapter 8 |

天使靈氣問與答

誰適合學習天使靈氣？

天使靈氣是靈魂的食物與營養，只要是靈魂都需要天使靈氣的養分。因此，不分宗教信仰、男女老幼，任何人都適合學習天使靈氣。學習天使靈氣也不需要吃素，沒有任何禁忌或戒律，不需要持咒、畫符號、布法陣⋯⋯任何時間地點都能夠徒手操作，是我認為目前全球最簡單容易使用的靈氣療法，任何人都能學會天使靈氣。

天使靈氣是否可以遠距點化或線上教學？

根據英國天使靈氣的規定，目前天使靈氣的學習只能「線下實體工作坊」進行，不能經由線上教學、網路直播或遠距點化的方式進行。因為天使靈氣的療癒方式大多數都需要傳送者與接收者在身體、能量場層面形成連結才能完成，學習者需有實體操作的親身體驗，才能深刻體會能量並完美融入天使靈氣的頻率。

學習天使靈氣卻沒有感覺怎麼辦？

為什麼有些人接收靈氣會沒有感覺呢？

1. 有可能你總是把注意力放在外面的世界，你平常很少注意自己的身體感覺或心情感受。

2. 當你出現某些直覺或想法，你因為不相信自己，所以硬是把這些感覺壓抑下去，久而久之這些感覺跟想法就越來越少了。

3. 你的環境總是讓你處在緊張戒備的狀態，你的身體已經忘了該如何放鬆，所以身體感受不到能量。

4. 也可能其實有感覺，但沒有認出這些感覺。

5. 比較理性腦的人，身體的敏感度不活躍，因此很難有感覺。

6. 對靈性世界有懷疑的人，內心無法敞開，會在不自覺的情況下拒絕靈氣的進入，身體就會沒有感覺。

7. 脈輪或乙太體堵塞，能量無法順暢流入，身體接收不到能量，當然也不會有感覺。

我是麻瓜可以學習天使靈氣嗎？

即便你自認為是麻瓜，看不見天使、接收不到天使的訊息，也可以學習天使靈氣。因為天使才是療癒師，執行師只是能量的傳送通道。我認為，越是自認為麻瓜的人越適合來學習天使靈氣，因為天使靈氣能疏通能量的堵塞，敏銳我們的靈性感官，讓我們不再麻瓜。在我十多年的教學經驗中，數不清有多少自認為是麻瓜的學生來上課之後，很驚訝的發現，原來自己一點都不麻瓜。

傳送天使靈氣需要經過對方的同意嗎？

當你沒有攜帶個人小我的意圖或控制，只是單純無條件地為對方祝福，我相信沒有任何靈魂會拒絕天使靈氣的滋潤，天使靈氣代表無條件的愛。因為天使靈氣的療癒師是天使，天使知道如何**在不干預生命藍圖**的設定、**不介入因果業力**的狀況下，給予接收者最好的療癒，所以即使沒有經過對方人格面的同意，仍然可以傳送天使靈氣給任何人，因為天使知道如何在**不違背宇宙法則**的狀況下給予療癒。

天使靈氣的療癒是在靈魂層面運作，會加強靈魂的力量，支持靈魂想走的道路。而靈魂想走的道路，不見得是人格面的選擇。當我們傳送天使靈氣給對方卻附帶條件，而這些條件違背了靈魂的意願的時候，靈魂是可以拒絕接受的。因此我們可以傳送天使靈氣給任何人，任何你想幫助他的人，前提是放下期待與控制，請無條件的給予，尊重他的靈魂意願。

我傳送天使靈氣給即將往生的父親時，並沒有取得父親的同意，因為那時候我的父親已呈現彌留狀態，我非常深刻的感受到我父親的身體拚命地吸收著天使靈氣，因為我的兩隻手幾乎快被吸進我父親的身體了，當時的念頭只是希望父親好走，我感受到父親的靈魂吸收了天使靈氣之後更輕鬆容易地脫離肉體，因為我父親的靈魂已經決定要離開了。

天使靈氣是在靈魂層面運作，人格面的自由意志其實無法影響靈魂的決定。如果一個人的靈魂決定要往生了，傳送天使

靈氣給這個人，會讓他的靈魂更順利的離開；如果靈魂決定留下來，天使靈氣會協助靈魂更穩定在身體裡。一個沒有力量的靈魂在吸收天使靈氣的養分灌溉之後靈魂力量變得更強大，靈魂就能夠更勇敢的做決定、做他自己，他的生命與生活會宛若脫胎換骨般的轉化。離婚、離職、創業、旅行、搬家……有可能都是靈魂沒有力量時做不到的，靈魂有了天使靈氣的加持之後，就會還原他真實的樣貌，走他真心想走的道路。

天使靈氣如何看待靈擾的問題？

因為地球正進入為期2千年的光子帶（Photon Belt）裡，來自高維度神聖的光為地球所有的生命進行清理、調高頻率，帶領著整個地球與全體人類奔向五次元的境界，因此所有生命內在的恐懼與負面能量都會被清理釋放，形成找不到病因的揚升症狀。

靈擾就是揚升症狀其中的一種現象，這是釋放對靈性世界的恐懼的過程。四維空間（陰間）是生命從物質體（三次元）轉化成光體（五次元）的必經階段，若是對四維度的世界有所疑慮產生恐懼，帶著恐懼進入第四度空間（靈性世界），也會在靈體階段製造更多混亂與幻相，使得靈魂待在四維空間無法突破，阻礙了靈魂的揚升進展。

很多人相信有靈視力的人的說法，其實靈視力會受到人們內在恐懼意識、負面情緒、錯誤思想信念、不良習氣的污染，

看到的影像是恐懼放大後的結果，然而他們並不知情，對自己看見的深信不疑。靈視力不全等於是第三眼，第三眼的振動頻率會影響靈視力看見的層界，最高階的第三眼是全知之眼，祂不一定是看見什麼，卻是一種什麼都沒看到的內在知曉。

當人們接收天使靈氣的療癒，持續不斷做內在的清理，第三眼的振動頻率因而提升，看見的層面就會完全不同，你會看見光、看見美麗、看見良善。第三眼的智慧與洞見會讓你知道什麼是真相，不受幻相迷惑。每個人的生命課題不同，為何有人會遭遇靈擾的問題，有人終其一生未曾有此經驗，需要當事人認真自我覺察，因為相信什麼，就創造什麼。

｜大天使麥可的訊息～靈擾的啟發｜

親愛的朋友，最棒的治療師是你自己。當你確信有龐大的黑暗勢力要傷害你，就沒有任何其他人能解救你，即便是天使、揚升大師、外星人也沒有辦法，除了你自己。

因為「相信」，你允許其他力量來控制你，並創造了這個實相。你認為自己的靈魂是脆弱無能的，是容易被攻擊被入侵的，是無力招架的，你相信對方是能輕而易舉操縱你的。「相信」讓你被影響被控制，讓你放棄抵抗、自動投降。「相信」是一把能夠打開物質與靈性世界所有門戶的萬能鑰匙，它為你帶來你所相信的一切，包括你們視為好的、壞的一切。當你愈相信就愈顯得真實，當你愈發覺得真實，你就賦予對方更多的力量綁架你，讓你失去自我、失去自由。

值得慶幸的是，你可以「選擇」。當你發現「相信」為你帶來困擾，你可以「選擇不相信」，重新建構新的信念思想來幫助你離開困擾，當你愈是不相信，對方就愈失去力量，最後會像是洩氣的皮球一般癱軟在地，無法再對你產生威脅，你因此重掌力量，名符其實成為自己真正的主人！

　　我親愛的朋友，現在你所面對的，就是要帶領你找回自己力量的考驗與挑戰！接受這個試煉的人是你，所以也只有你才能解救你自己，只有你才有資格表達你己身的意志、展現你不可侵犯的威嚴！

　　召喚我大天使麥可來助你一臂之力，協助你找回自己的力量，重登主人的寶座！要相信自己能通過這個考驗，要相信、相信、再相信！

～傳訊管道：光之鑰伊莉莎白

　　靈擾與卡陰的威脅之所以能夠存在，一方面來自於靈魂沒有力量，忘了自己才是物質世界真正的主人；一方面則是過去對外靈過度負面的渲染。當人性不想為自己的行為負責，不想改變，就會把責任推卸給外靈（或外星人）；還有宗教植入的因果業力的信念，冤親債主來討債的說法，讓我們說服自己接受外靈的侵入與懲罰，這些錯綜複雜、以假亂真的東西讓我們看不清靈界的真相。

天使靈氣對靈擾的淨化

1.我們可以經由天使靈氣的療癒，釋放對靈界的不信任，清理恐懼與受害者意識，建構內在的安全感，並且知曉所有的靈體都是光與愛，不再懼怕靈體。

2.有了天使靈氣的助力，靈魂補充力量，就有能力自保，無需害怕靈體的入侵或干擾。

3.在天使靈氣1&2階裡「防止干涉的宣稱」，就是很棒的阻斷靈體干擾的命令語句。「防止干涉的宣稱」是在「大天使麥達昶」與「神的臨在」的應許與守護下，宣告自己是純淨神聖的光，不允許其他非光存有的進入與影響。這是一個很有力量的拿回自己的主權與力量的宣告，因為我們才是這個三度空間真正的主人！

「相信」是宇宙中強大的創造顯化力量。當我們根深蒂固的相信外靈是邪惡的、是來討債的，我們賦予外靈對我們行邪惡與討債的權利，那麼我們就只有認命挨打的份，沒有去悍衛自己生為人身應有的權利。很多來自於過去的傳說、教條與信念在當時的時空背景下有其存在的價值與意義。時至今日，我們必需汰舊更新我們的信念才能卸下過時沉重的歷史包袱，讓自己獲得自由，也才能過著開心喜悅的人間生活。

靈擾的靈性意義

1.**找回力量**：相信自己有能力保護自己，能夠不受其他存

有的影響。

2. 信念創造實相：自認有卡陰體質，就會創造出卡陰的事件。

3. 清理對靈性世界的懷疑與恐懼：只要內在世界通透光明，第三眼看到的靈性世界也會通透光明。

4. 卸下受害者意識：對自己負責，停止把自己的問題甩鍋給靈體。

5. 引導進入靈性的學習：經由靈擾事件了解靈性真相，釋放對靈體的恐懼。

為別人傳送天使靈氣是否會承擔對方的因果業力？

用天使靈氣為他人做療癒會不會承擔了他人的因果業力呢？我總是會開玩笑的回答說：「如果會的話，全球數以萬計的天使靈氣執行師為何如此深愛著天使靈氣，還每天抱著天使靈氣睡覺呢？」

我們聽過一句話叫「天機不可洩漏」，據說算命師若是洩露天機就會遭遇不幸。像我傳遞天使訊息、為別人療癒算不算洩露天機呢？開始從事靈性服務後我發現，能夠被我們洩露的絕對不會是天機，因為真正的天機不可能讓我們知曉，再怎麼厲害的先知或靈媒也只能接收到上天「被允許知道」的內容。

因果業力也是一樣的。如果一個人必須經由因果業力來體驗、參透某些智慧，在時機尚未成熟之前，絕對不會讓人輕易

的取走或承擔他的因果業力，再厲害的療癒師、大師，再神奇的療癒工具也不能做到。當時機成熟了，你會剛好遇到那個可以治好你的、幫你度過難關的人，那是因為某個生命課題你已經領悟的差不多了，並非那個人消除或承擔了你的因果業力。

若是個案的療癒時機尚未成熟，你認為可以幫他扭轉乾坤，執著於要治好他，就是在干預他的因果，此時與對方有相類似業力的狀況會因而共振，並非你療癒他所以承擔他的業力，而是因為你與他有相同需要穿越的課題，所以才會聚合在一起。

天使靈氣執行師只是天使靈氣的管道，天使也不會干預人類的因果，個人業力各自擔，因果業力是無法被他人取消的。放下「因果業力」是懲罰、是報應、會禍延子孫的恐怖想法，不論是自己的或是他人的因果業力，都是靈魂為了自我提升的成長過程，當我們不想方設法的逃避閃躲，願意坦然面對臣服領受，反而會為我們帶來意想不到的驚喜與奇蹟。

為別人傳送天使靈氣是否會接收對方的負面能量或病氣？

每次進行天使靈氣的傳送時，會先奉獻空間邀請天使進駐所在的地方，整個空間會被七次元天使之愛的能量所充滿，所有負面低頻與不和諧的能量，都會被轉化成無條件之愛。傳送者與接收者都被安全周到的包裹在天使靈氣光圈裡，兩者同時被淨化、被療癒，不會互相影響干擾，顯示出天使靈氣是相當

安全的能量療法。

療癒過程中，天使首先淨化傳送天使靈氣的執行師，使其成為乾淨通透的完美能量管道。執行師被清理釋放出來的負能量會從他腳底的湧泉穴往下注入地心，地球媽媽神奇的轉化能力會將這些負能量轉化成為有用的地球資源。如此可以確保每次傳送出去的天使靈氣都是最純淨有效的能量，不會發生執行師本身狀況不好，把自身的負能量一併傳送給接收者的可能性。

接收者除了接到來自執行師傳送的天使靈氣以外，也會直接從天使收到療癒的能量。接收者被清理出來的負能量，會從接收者腳底的湧泉穴注入地心，所以也不會有執行師接收了個案的病氣或負能量的疑慮。

由於每次的天使靈氣療癒是傳送者與接收者的共同療癒，具有高度智慧的天使通常都會從兩者當下共同有的問題優先療癒，在療癒期間若是執行師與個案出現相同症狀的好轉反應也屬正常現象。

學習天使靈氣是否會違背自己的宗教信仰？

天使是早在人類宗教出現以前就存在的神聖生命，祂不隸屬於任何宗教，祂是宇宙愛的能量，天使超越人類世界的二元性，與十方法界、諸天神佛合作，學習天使靈氣並沒有背叛信仰的顧慮。天使靈氣就是為了普羅大眾的方便應運而生的最簡單、最方便、易學、易懂、易做的靈氣療法。

可以對動物使用天使靈氣嗎？

在動物身上使用天使靈氣是完美的。動物沒有意見，因此牠們非常願意接受治療。無論是用手還是遠距治療，你都可以為動物王國提供無限的治療。

（本文來自英國天使靈氣官網）

天使靈氣療癒實例：為寵物魚補充元氣

——天使靈氣教師溫惠欣

我的公公喜歡養偏大型的魚類，在我結婚之後第一次在公婆家中的大水族箱見到了黑銀板魚，當時覺得稀奇——聽先生說這類型的魚，算是食人魚的近親。

說來也很奇怪，前年公公突然生病住院，這條魚也在公公住院的前幾天開始顯得病懨懨的，平時都很有活力的遊動著。我看見牠幾乎不太游動，感覺似乎是不太舒服的樣子，就隔著玻璃為牠傳送了天使靈氣。就在我為牠傳送靈氣的同時，本來因為我的靠近而離我遠遠的牠，緩緩的游靠近我，好像用牠的眼睛想看看我在做些什麼？

當我傳送完天使靈氣後不久，原本精神懨懨的牠，開始較為有力量的游動起來，本來也不太吃東西的牠開始可以正常的進食，我敲敲玻璃跟牠玩，還能夠有從另一端快速游向我甩尾的活力。

天使靈氣療癒真的太厲害了！不僅方便使用、簡單有效，更為我開啟了療癒動物的緣分。

| 關於作者 |

光之鑰伊莉莎白的故事

2010年我跟隨高先念老師學習天使靈氣之後,就開始以兼職的方式從事天使靈氣個案的服務。當時的我窮困潦倒,前途茫茫,不知道何去何從?身上背負著幾百萬的債務,在兒童美語補習班擔任美語老師的收入也僅能勉強地糊口,完全不認為靈性服務會是我未來的人生志業,只能暗自慶幸,在財務如此吃緊的狀況下,還能做自己喜歡的靈性工作,已經是相當感恩了。(沒想到那些年服務的個案後來都成為我天使靈氣的學生。)

就這樣來到了2014年春天的某個早晨,內心深處突然出現一個很強烈的感覺:好想去英國。卻又不知道要去英國做什麼?以當時的經濟狀況,根本沒有能力到英國旅遊,所以也只能搖頭苦笑把這個念頭放下。到了年中的某天早上,又蹦出了一個讓我自己都嚇一跳的想法:我想成為天使靈氣的教師。這個念頭來得清楚、直接又迅速,完全跳過我認為靈性工作只能當做興趣、無法當飯吃的顧慮。在當時,這真的是很荒謬的想法,且不管錢要從哪裡來?也不掂掂自己的斤兩,自己有這個本事嗎?

然而這個念頭卻經常陰魂不散的出現,一直洗腦我,最後

我竟然相信自己是可以做到的。於是我詢問高老師,是否有天使靈氣教師階的開課計劃?老師回應我目前沒有這個規劃。至此,我想這個鬧劇應該可以結束了。未曾想,靈性彩油的學姐吳麗蓉老師告訴我,不如直接到源頭去上課。我才恍然大悟,原來天使靈氣有源頭啊,而且天使靈氣的源頭竟然就在英國!這下子整個連貫起來了,無庸置疑的,去英國取得天使靈氣教師的資格是高我給的指示。

　　慎重起見,我諮詢了大天使拉斐爾,是要繼續等高老師開課還是前往英國學習?大天使拉斐爾回答我:「不論你到哪裡學習天使靈氣,我們都與你同在。然而,到英國去感受不同的靈氣頻率,對你是有幫助的。」看來,天使也鼓勵我去英國學習。

　　確定了要去英國,接下來就是要解決最現實的金錢問題。我告訴拉斐爾:我想去英國,可是我沒有錢。拉斐爾溫柔地說:「可以跟你的母親借錢,你的母親有錢。」但是拉斐爾的建議讓我很為難。以這些年我屢借不還的黑紀錄,早就被母親視為拒絕往來戶了。我告訴拉斐爾:母親不會借給我的。拉斐爾又說:「虎毒不食子,不去試試看怎麼知道?再給你自己和你的母親一次機會吧!」

　　就這樣我又和自己的母親上演了一齣愛恨情仇的狗血劇,卻沒想到我的母親最後竟然答應了!瞬間一股暖流從心裡擴散流淌出來,當下我突然體會到母親長久以來望女成鳳的期待!也終於明白為何拉斐爾建議我找母親借錢的苦心,祂希望藉此修補療癒我和母親的關係。

第一次單獨出國雖然有些害怕，但因為身邊有大天使麥可和大天使拉斐爾的陪伴，除了勇氣十足，竟然還有些許到異地冒險的興奮感！當看到英倫大陸在眼前出現的剎那，眼淚忍不住的流下來！終於來到夢想已久的英國了，突然覺得自己好勇敢好偉大！從台灣飛了16小時到倫敦，從倫敦搭火車到湖區上課的地方，又足足花了一天的時間，但是在看見湖區寧靜優美的山坡草地和湖水時，覺得這一路的長途跋涉都是值得的。

　　2014年11月的天使靈氣工作坊，包括我在內總共有13位學生，分別來自英國、德國、希臘、南非、斯里蘭卡、西班牙，只有我是黃皮膚。工作坊第一天，我吃力地聽著同學們不同的英語腔調，既緊張又焦慮，下課後回到房間，整個人幾乎崩潰嚎啕大哭了起來，嘴裡一直喊著大天使麥可的名字，很害怕自己不能應付接下來8天的課程。於是大天使麥可教了我一個方法：每天上課前想像從我的心輪發出金色的光線去連結老師和同學們的心輪。麥可說，語言雖然是溝通表達的工具，但心電感應、心與心的連結溝通更直接有效。說也神奇，每天早上我按照大天使麥可的方法試了一下，果真發現能心領神會同學們的表達了。

　　9天的天使靈氣工作坊，我感受到克莉絲汀老師的支持與愛，她很明顯地放慢講話的速度，艱深學術性的語詞會特別詢問我是否瞭解，並且用淺白的句子再為我解釋一遍。在接受點化與清理的時候，我因為被天使的愛充滿而感動到痛哭流涕，下課後她會來關心我、為我加油打氣，我覺得自己是何等幸運

能跟隨如此有愛的老師學習，她的溫暖與慈祥我這一輩子都銘記在心！

9天的上課時間像飛的一樣竟然很快就過去了，克莉絲汀老師語重心長的對我說，她知道當時台灣已經有老師在教導天使靈氣了，很遺憾的，他們給予學生的並不是完整的天使靈氣課程，也不是英國官方發的證書，她希望我可以把純淨的天使靈氣帶回台灣。我當時還懵懵懂懂的，不太理解老師的意思。一直回到台灣才恍然大悟，原來我從英國帶回台灣的除了完整的天使靈氣課程以外，還有另外一個很重要的正本清源的任務。

回英國的前一天剛好是我的生日，在倫敦的旅館，我把大天使麥可和大天使拉斐爾召喚過來，厚臉皮的、半開玩笑的跟祂們討要生日禮物，沒想到祂們竟然說禮物早就準備好，已經在台灣等著我了。還真的有禮物耶，我好奇的猜想會是什麼禮物呢？沒料到禮物真的在我回到台灣的第二天就出現了，中華新時代協會的理事長張雅真小姐竟然邀請我到協會開課，當時的我正愁著不知道要從哪裡開始天使靈氣的招生？這真的是天上掉下來的禮物啊！

就這樣從2015年2月開始，我在台北中華新時代協會開啟了教導天使靈氣的生涯，先前找我做天使靈氣諮詢的個案，竟然後來都成了我的學生。還有來自四面八方的優秀菁英，甚至比我還資深的靈性前輩們也加入了天使靈氣的學習。

至今我已經帶領超過百餘場的天使靈氣工作坊，訓練出近千位的天使靈氣執行師、近三百位的天使靈氣教師，還有兩位

優秀的學生也出版了天使靈氣的書。我的學生們青出於藍而勝於藍,潛伏在各個行業的佼佼者大有人在,雖然還稱不上桃李滿天下,但我的靈魂應該已經感受到我想要幫祂實現願望的誠意,以及從天使靈氣工作坊的帶領中獲得滿滿的成就感了吧!

關於光之鑰伊莉莎白(Elizabeth Chou)

本名:周珮羚/台灣高雄人/埃洛希姆智庫創始人

伊莉莎白是來自無限光源頭的純真智慧,2010年與她的指導靈大天使麥可再度連結後,即成為光之神聖國度的訊息管道,在台灣傳遞15位大天使與揚升大師的訊息,帶領光的課程,並且提供天使個案諮詢的服務。

2014年她前往英國取得天使靈氣教師資格,回台後開始帶領天使靈氣工作坊至今已經10年。2015年她經由大天使漢尼爾(Archangel Haniel)的指導,傳承了來自第七天堂獨角獸王國的獨角獸靈氣(Unicorn Reiki);同年完成黛安娜・庫柏白光學校(Diana Cooper School of White Light)的訓練成為華人地區教師。2020年在聖納庫瑪拉大師(Master Sanat Kumara)的指導下,下載了龍吟靈氣(Solar Reiki Of Dragon)的能量系統。

這10年來伊莉莎白與默基瑟德天使聖團一起工作,協助人類無限意識的擴展與地球頻率的揚升,她總是為周圍的人點亮內在的天使與神性之光,注入龐大的勇氣、信心與力量。

除了本書,她的其他著作有:《實現願望的獨角獸月光寶

盒》、《豐盛金鑰致富手冊》。她同時也是《天使能量排毒法》、《光行者》、《五次元的靈魂揚升》、《不要讓人黯淡你的光》、《水晶天使444》、《五次元的靈性覺醒》、《穿上光之袍》等書的推薦序作者。

伊莉莎白目前正在全世界的華人地區極積推動《天使靈氣》、《獨角獸靈氣》、《龍吟靈氣》、《富裕靈氣》、《啟動天使之翼》、《連結指導靈》、《銀河星際大使》、《亞特蘭提斯的海洋寶藏》等工作坊。

光之鑰伊莉莎白的粉專：

https://www.facebook.com/Elizabeth.Elohina/

| END |
結語

　　我覺得天使靈氣為人類帶來的最大祝福與禮物，就是把人類帶回到無條件的愛中。愛是宇宙最強大的療癒力與創造力，造物主就是用愛的力量無中生有、創造出所有的世界。愛是最厲害的魔法棒，能把不要的東西變走，把想要的東西變出來。愛的匱乏是現代人疾病叢生的主要原因，因為愛的匱乏導致靈魂失去力量，無法在地球展現神力、盡情創造；因為愛的匱乏，成千上萬的人陷入金錢不足的恐慌；因為愛的匱乏，全球各個醫院擠滿了病患；因為愛的匱乏，國與國之間的爭戰不休。天使靈氣代表無條件的愛，如果全球有一半以上的人類都能接受天使靈氣的愛，這個星球必定會展現新的風貌，恐懼或匱乏將會消失無蹤。這本書的誕生，是我能對這個世界貢獻的微薄力量，願更多人加入天使靈氣執行師的行列，把天使的愛繼續傳播下去。最後我要感謝生命中的許多貴人，我是如此幸運，能得到這些貴人的相助，才有今日的光之鑰伊莉莎白：

我的天使啟蒙高先念老師、
鼓勵我到英國學習天使靈氣的吳麗蓉學姐、
邀請我開課的中華新時代協會理事長張雅真小姐、
我的母親還有在家帶小孩的另一半、
以及這10年來千千萬萬信任我、支持我的學生們，請讓
我獻上最誠摯的感謝與祝福，謝謝你們出現在我的生命中！

2024年11月天使靈氣工作坊

天使靈氣四階證書

2017年我邀請克莉絲汀老師到台北舉辦工作坊

天使靈氣：靈魂最完美的療癒

作　　　者	光之鑰伊莉莎白
主　　　編	林菁菁
企　　　劃	謝儀方
封面設計	陳文德
內頁設計	李宜芝

總　編　輯－梁芳春
董　事　長－趙政岷
出　版　者－時報文化出版企業股份有限公司
　　　　　108019 台北市和平西路三段 240 號 3 樓
　　　　　發行專線－ (02)2306-6842
　　　　　讀者服務專線－ 0800-231-705・(02)2304-7103
　　　　　讀者服務傳真－ (02)2304-6858
　　　　　郵撥－ 19344724 時報文化出版公司
　　　　　信箱－ 10899 臺北華江橋郵局第 99 信箱
時報悅讀網－ http://www.readingtimes.com.tw
法律顧問－理律法律事務所 陳長文律師、李念祖律師
印　　　刷－勁達印刷有限公司
初版一刷－ 2025 年 4 月 18 日
定　　　價－新臺幣 400 元
（缺頁或破損的書，請寄回更換）

時報文化出版公司成立於一九七五年，並於一九九九年股票上櫃公開發行，於二〇〇八年脫離中時集團非屬旺中，以「尊重智慧與創意的文化事業」為信念。

天使靈氣：靈魂最完美的療癒 / 光之鑰伊莉莎白著 .-- 初版 .-- 臺北市：時報文化出版企業股份有限公司, 2025.04
　面；　公分

ISBN 978-626-419-312-2(平裝)

1.CST: 心靈學 2.CST: 超心理學 3.CST: 靈修

175.9　　　　　　　　　　　　　　　114002462

ISBN 978-626-419-312-2
Printed in Taiwan